Куда́ е́дем?

... und viele weitere Kurzgeschichten aus dem russischen Alltag

von
Daria Markova

PONS 5-Minuten-Lektüren RUSSISCH

Куда́ е́дем? ... und viele weitere
Kurzgeschichten aus dem russischen Alltag

von
Daria Markova

Alle Personen und Handlungen sind erfunden. Ähnlichkeiten mit lebenden oder verstorbenen Personen und tatsächlichen Begebenheiten wären rein zufällig.

2. Auflage 2023

Projektleitung: Canan Eulenberger-Özdamar
Redaktion: Leoni Röhr
Logoentwurf: Erwin Poell, Heidelberg
Logoüberarbeitung: Sabine Redlin, Ludwigsburg
Layout: Petra Michel, Essen
Satz: tebitron gmbh, Gerlingen
Druck: Multiprint GmbH, Kostinbrod

ISBN: 978-3-12-562358-3

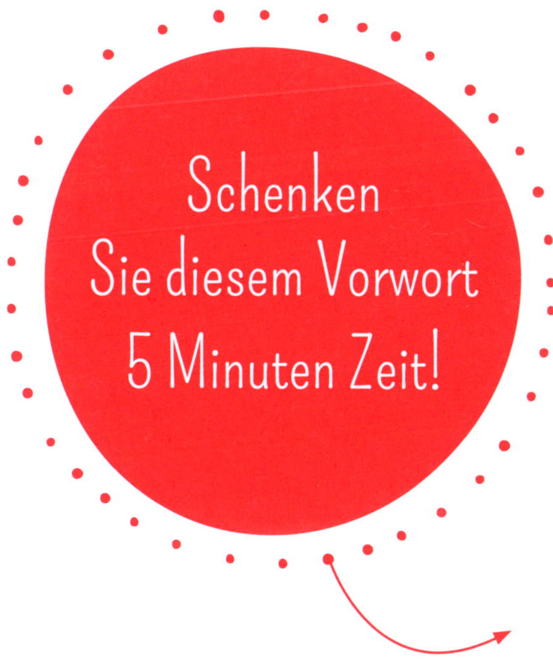
Schenken
Sie diesem Vorwort
5 Minuten Zeit!

Die Geschichten

Perfekt für 5 Minuten!
In diesem Buch finden Sie 20 kurze russische Geschichten, mit denen Sie wunderbar jede Pause, Wartezeit oder Busfahrt verkürzen können.

Mit locker-leichten Geschichten lernen Sie den **russischen Alltag** kennen und erweitern mühelos Ihren Russisch-Wortschatz zu grundlegenden Themen.

Lesefreundlich!
Worthilfen stehen direkt über dem Wort: Liebe **любо́вь**. So können Sie weiterlesen, ganz ohne Blättern und Suchen im Wörterbuch. Manche Wörter sind **rot** markiert. Das sind Wörter, die in den **Mind-Maps** auftauchen. Dazu mehr auf der nächsten Seite!

Platz für Notizen
Der große Zeilenabstand bietet auch Raum für Ihre eigenen Eintragungen.

Die Mind-Maps

Das wird Ihr Gehirn lieben!
Unser Gehirn freut sich über Strukturen. Es sortiert Dinge gerne in Gruppen ein, da es sie sich so leichter merken kann.

Natürlicher Gedankengang
Wenn Sie an einen Begriff denken, dann meistens nicht an diesen allein! In der Regel haben Sie, wie auf einer Gedanken-Landkarte (Mind-Map), verwandte Dinge vor Augen.

Wortfelder statt Listen
Auch Wörter lassen sich in thematisch zusammenhängenden Gruppen viel einfacher lernen und merken als in umfangreichen Listen.

Deshalb finden Sie nach jeder Geschichte eine **Mind-Map**, die das zentrale Thema der Geschichte in Form von Vokabeln aufgreift und weiterführt. Hier begegnen Ihnen die rot markierten Wörter aus den Geschichten wieder und viele weitere. Sie sind thematisch gruppiert und liebevoll illustriert.

Viel Spaß & Erfolg beim Entdecken wünscht Ihnen die PONS-Redaktion

INHALT

Ско́лько люде́й на фотогра́фии?

— Наш уро́к **зака́нчивается** (geht zu Ende), мы тепе́рь мно́го зна́ем о том, как в Росси́и называ́ются **чле́ны семьи́** (Familienmitglieder), — говори́т преподава́тель. — У нас ещё есть 10 мину́т, и мы с ва́ми сде́лаем вот что: ка́ждый **приду́мывает** (erfindet) **зага́дку** (Rätsel) для сосе́да сле́ва. **Наприме́р** (Zum Beispiel), «**сын** (Sohn) моего́ **отца́** (Vaters), но не я». Никола́й, вы сиди́те сле́ва от меня́. Как вы ду́маете, кто э́то?

Никола́й живёт в Герма́нии, но сейча́с он у́чит ру́сский язы́к в Москве́, в институ́те Пу́шкина. Э́то язы́к его́ **ба́бушек и де́душек** (Großeltern): **семья́** (Familie) Никола́я из Росси́и. Ба́бушка с де́душкой жи́ли там, когда́ бы́ли молоды́е. А его́ **ма́ма** (Mutter) родила́сь уже́ в Герма́нии. Она́ немно́го говори́т по-ру́сски, а Никола́й тепе́рь изуча́ет ру́сский как иностра́нный.

— Сын моего́ отца́, но не я... — повторя́ет Никола́й. — У отца́ есть сын... И э́то не я... Два сы́на?.. А, поня́тно! Э́то мой **брат** (Bruder).

— Пра́вильно. Тепе́рь вы́ спра́шиваете у Па́бло.

Никола́й немно́го ду́мает, пото́м говори́т:

— Оте́ц моей ма́мы для меня́...

— Де́душка! — бы́стро отвеча́ет Па́бло. Он из Испа́нии, его́ фи́рма рабо́тает с Росси́ей, поэ́тому он у́чит ру́сский.

— Отли́чно. Тепе́рь, Па́бло, спроси́те Мари́ю.

Мари́я говори́т на англи́йском, францу́зском и испа́нском. Она́ экскурсово́д, но сейча́с **на пе́нсии** (im Ruhestand). Тепе́рь у неё есть свобо́дное вре́мя, и она́ у́чит ру́сский и япо́нский.

— **До́чка*** (Tochter) до́чки, кто э́то? — спра́шивает Па́бло.

— Э́то **вну́чка** (Enkelin)! — отвеча́ет Мари́я. — Моей вну́чке 3 го́да.

Все **по о́череди** (der Reihe nach) задаю́т **друг дру́гу** (einander) вопро́сы.

— Отли́чно, спаси́бо! — говори́т преподава́тель. — Ещё одна́ зага́дка на **доске́** (Tafel), пожа́луйста, поду́майте над ней до́ма и напиши́те не́сколько фраз о своей семье́. До свида́ния! До за́втра!

В Москве́ Никола́й живёт у **сестры́** (Schwester) своей ба́бушки. Он называ́ет её **тётя** (Tante) Не́ля, а её **му́жа** (Mann) — **дя́дя** (Onkel) Фёдор. Никола́я они́ ви́дят ре́дко и сейча́с о́чень ра́ды, что он у них. За у́жином тётя спра́шивает Никола́я, как заня́тие.

— Отли́чно, тётя Не́ля. А вы зна́ете таку́ю зага́дку: в ко́мнате две **ма́тери** (Mütter), две **до́чери** (Töchter) и ба́бушка с вну́чкой. Ско́лько **всего́** (insgesamt) люде́й?

— Коне́чно, зна́ем, — **улыба́ется** (lächelt) дя́дя. — Э́то ста́рая зага́дка. А ты отку́да её зна́ешь?

— Э́то на́ше зада́ние по-ру́сскому.

— Отве́т зна́ешь?

— Дя́дя Фёдор, до шести́ и ма́ленький ребёнок мо́жет **счита́ть** (zählen)!

Тётя и дя́дя **смею́тся** (lachen). Тётя **достаёт** (holt) из шка́фа альбо́м с фотогра́фиями.

— Смотри́, Ко́ля.

Ко́ля! То́лько ру́сские **ро́дственники** (Verwandte) его́ так называ́ют. До́ма он Никола́й, иногда́ Ник, а в Росси́и Ко́ля — э́то и есть Никола́й.

— Вот на фотогра́фии две ма́тери, две до́чери и ба́бушка с вну́чкой: моя́ сестра́ Ли́да, её до́чка А́ся — твоя́ ма́ма. И её до́чка — твоя́ сестра́ Маргари́та. Счита́й!

— Две ма́тери, две до́чери... А! Я́сно! Ли́да — она́ **и** (sowohl ...) ба́бушка, **и** (... als auch) ма́ма, А́ся — и до́чка, и ма́ма, моя́ сестра́ — и вну́чка, и до́чка...

Тётя Неля́, а э́то кто? На друго́й фотогра́фии.

Urgroßmutter und Urgroßvater — Liebe

— Твой **праба́бушка и праде́душка**. Э́то **Любо́вь**...

— Да, ви́дно, что они́ так друг дру́га лю́бят!

Der vollständige Name

— Любо́вь э́то и́мя. **По́лное и́мя**. Как ты Никола́й — Ко́ля, так

mit Vor- und Vatersnamen

Любо́вь — Лю́ба... Е́сли **по и́мени-о́тчеству****, то твоя́ праба́-

бушка — Любо́вь Петро́вна.

— Как в той зага́дке! — смеётся внук. — Ду́маешь, что тут три

челове́ка: Лю́ба, Любо́вь и Любо́вь Петро́вна, а э́то оди́н. Тётя

Не́ля, мо́жно я возьму́ фотогра́фию на уро́к? Бу́дет у меня́ то́же

зага́дка: на фотогра́фии Лю́ба, Любо́вь, Любо́вь Петро́вна и ... Как

пра́деда зову́т? Лёша?

— Да. Алексе́й Ива́нович.

— ...и Лёша, Алексе́й, Алексе́й Ива́нович. Ско́лько люде́й на

фотогра́фии?

* Bei Verwandtschaftsbezeichnungen sind Verkleinerungsformen im Russischen sehr üblich, z. B. **дочь – до́чка**. Sie drücken – ähnlich wie die Kurzformen der Vornamen – eine positive, zugewandte Haltung aus.

** Russische Namen bestehen aus drei Teilen – dem Vornamen, dem Vatersnamen und dem Nachnamen. Der Vatersname wird vom Vornamen des Vaters abgeleitet.

рожде́ние ребёнка
Geburt eines Kindes

сва́дьба
Hochzeit

жени́х
Bräutigam

крести́ны
Taufe

неве́ста
Braut

ва́жные собы́тия
wichtige Ereignisse

разво́д
Scheidung

юбиле́й
Jubiläum

жени́ться/ вы́йти за́муж
heiraten

усынови́ть/ удочери́ть
adoptieren

развести́сь
sich scheiden lassen

де́йствия
Handlungen

роди́ть-роди́ться
gebären - geboren werden

воспи́тывать
erziehen

Семья́, чле́ны семьи́
Familie, Familienmitglieder

1 Ско́лько люде́й на фотогра́фии?

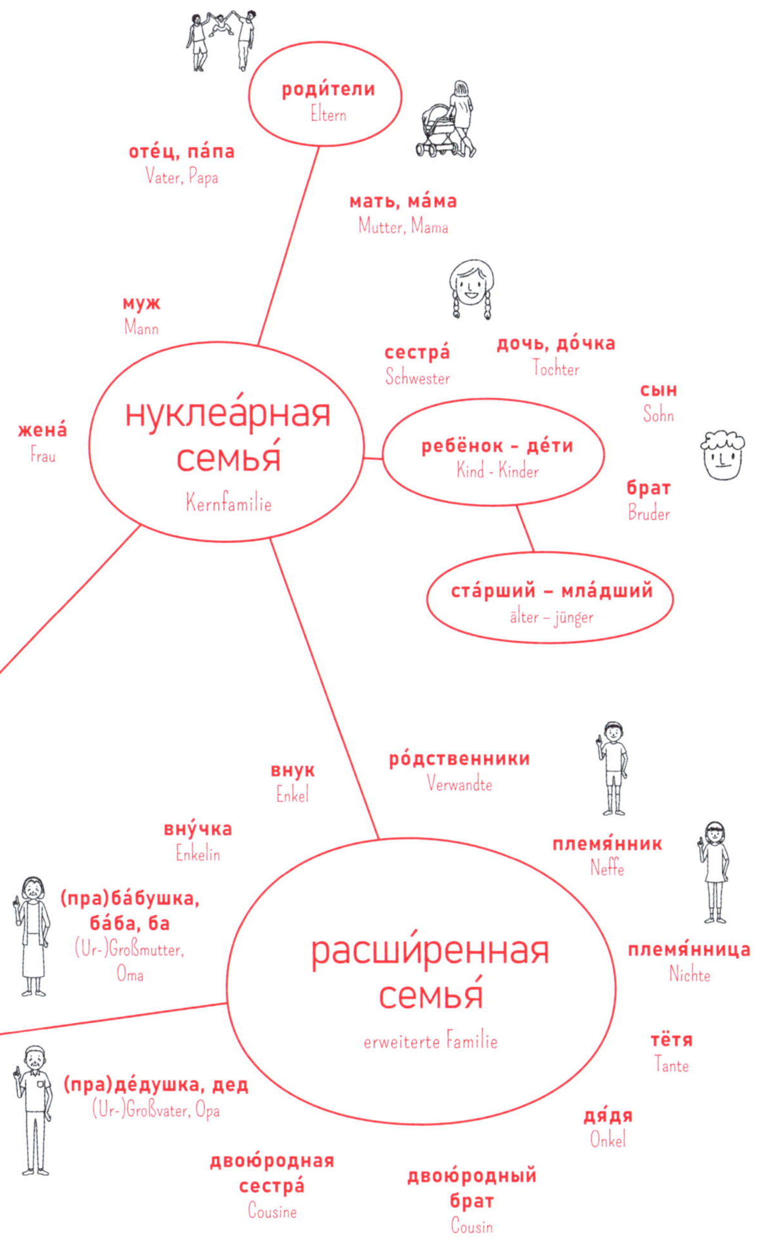

Кто есть кто?

— Друзья́ мои́, ско́ро ма́йские пра́здники. А у на́шего журна́ла день рожде́ния, и я приглаша́ю вас на не́сколько дней в дом о́тдыха «Зелёная гора́». Там нас ждёт интере́сная програ́мма...

— Нет, — ти́хо говори́т Ле́на. — Не хочу́ програ́мму.

— Михаи́л Алексе́евич, наш корреспонде́нт не хо́чет програ́мму! —
ruft
кричи́т Васи́лий, диза́йнер журна́ла.

der ältere
— Ва́ся, без провока́ций, пожа́луйста, — про́сит **пожило́й** корре́ктор. — Ти́хо. Михаи́л Алексе́евич говори́т.

Chefredakteur
— Спаси́бо, Серге́й Льво́вич. Интере́сная програ́мма, — **гла́вный реда́ктор** де́лает эффе́ктную па́узу. — И... маскара́д!

— Маскара́д? — спра́шивает колумни́стка То́ня.

nickt
— Виртуа́льный маскара́д, — **кива́ет** шеф. Бери́те с собо́й рабо́чие ноутбу́ки. Мы откро́ем чат, познако́мимся там под други́ми
Vornamen — erkennen wir uns gegenseitig wieder
имена́ми... Интере́сно, **узна́ем мы друг дру́га**?

Пе́рвый день в до́ме о́тдыха. Ноутбу́ки рабо́тают, чат откры́т:

Guten Tag! Ich heiße
Гéрцог. **До́брый день! Меня́ зову́т** Гéрцог. А вас?

Guten Tag!
До́лли. **Здра́вствуйте!** Я До́лли.

Мо́лли. А я Мо́лли.

Schön, Sie/euch kennenzulernen.
Г. **О́чень прия́тно.** Вы сёстры?

Д. Нет, коллéги.

Entschuldigung
Сéва. **Прошу́ прощéния**. Како́й Гéрцог? Вéрнер?

М. Кто здесь?

mich vorzustellen
С: Извини́те, забы́л **предста́виться**! Сéва.

Ich freue mich sehr.
Г. **О́чень рад**. Нет, я друго́й Гéрцог, с извéстным режиссёром

Namensvetter / Was machen Sie beruflich? / Woher kommen Sie?
мы **тёзки**. Скажи́те, Сéва, **вы чем занима́етесь? Отку́да вы?**

С. Из Караганды́. Приéхал в университéт поступа́ть. Хочу́

изуча́ть исто́рию кино́. Вы лю́бите кино́, До́лли?

Д. Да! Ско́ро бу́дет фестива́ль францу́зского кино́. Я пойду́.

Г. Вы говори́те по-францу́зски?

Д. Да. А вы?

Г. Я зна́ю францу́зский, немéцкий, немно́го говорю́ по-

кита́йски. Я пять лет жил в Кита́е.

М. Как интере́сно! А где в Кита́е?

hallo! Wie geht's?

Рэй. Всем **приве́т!** Я Рэй. **Как дела́?**

Sie haben mich nicht antworten lassen.

Г. Хорошо́, спаси́бо. Но Рэй, **вы мне не да́ли отве́тить.**

Р. А, извини́.

Г. Мы с ва́ми на брудерша́фт не пи́ли.

zusammen

Р. А рабо́таем **вме́сте**.

Г. У меня́ нет знако́мого Рэ́я.

Wollen wir uns nicht duzen? Sie haben doch nichts dagegen?

Р. Тепе́рь есть :) Ок, **дава́йте перейдём на «ты». Не возража́ете?**

Wir sollten das besser nicht überstürzen.

Г. **Дава́йте не бу́дем спеши́ть.**

Tschüß!

Р. Как ска́жете. Встре́тимся за обе́дом. **Пока́!**

Auf Wiedersehen.

Г. **До свида́ния.**

Alles Gute!

М. **Всего́ до́брого!**

Ebenso.

Д. **И вам.** До за́втра.

laut

Ве́чером все сидя́т у ками́на. То́ня начина́ет ду́мать **вслух**:

— Михаи́л Алексе́евич, вы Ге́рцог, а ты, Ле́ночка, До́лли.

— Нет! Я не люблю́ кино́ и не говорю́ по-францу́зски!

man mich für ... hält

— А я так и ду́мал, что меня́ **при́мут за** Ге́рцога... Серге́й Льво́вич, как по-китáйски «рад вас ви́деть»?

lächelt
Пожилóй коррéктор **улыбáется**:

— Спрóсим у Гéрцога?

streitet sich
В слéдующие дни в чáте Рэй со всéми **ссóрится**, Мóлли всех

versöhnt
ми́рит, Дóлли симпатизи́рует Сéве, Гéрцог морализи́рует. Все

говоря́т об однóм: кто есть кто? В суббóту, послéдний день в

«Зелёной горé», глáвный редáктор приглашáет всех на пикни́к.

Gestattet, dass ich mich vorstelle
— Коллéги — начинáет он. — **Разреши́те представи́ться**: Мóлли.

klatscht in die Hände
— Так я и знáла! — Тóня **хлóпает в ладóши**. — Мóлли, спаси́бо вам

за мир в чáте. А я Сéва. Где моя́ Дóлли?

bärtig
— Я Дóлли, — отвечáет **бородáтый** Васи́лий. — Прия́тно

познакóмиться пóсле стóльких лет дрýжной рабóты.

lachen
Все **смею́тся**: Тóня и Васи́лий на рабóте всегдá ссóрятся.

— А я Рэй, — говори́т Лéна.

— Рэй? — повторя́ет Сергéй Львóвич. — Лéночка, я дýмал, вы

áнгел, и вдруг — Рэй! А я Гéрцог.

— Конéчно, — кивáет глáвный. — Вам приз

dafür, dass Sie sich selbst treu geblieben sind nun ja
за вéрность себé! А с други́ми, **что ж**, бýдем знакóмы!

о себе́
über sich

во́зраст
Alter

Мне … лет.
Ich bin … Jahre alt

семе́йное положе́ние
Familienstand

жена́т/ хо́лост/ разведён
(für Männer:) verheiratet/ledig/ geschieden

за́мужем/ неза́мужем/ разведена́
(für Frauen:) verheiratet/ledig/ geschieden

фами́лия
Familienname

и́мя
Vorname

о́тчество
Vatersname

профе́ссия
Beruf

приве́тствие и проща́ние
Begrüßung und Verabschiedung

Здра́вствуй(те) / До́брый день!
Guten Tag!

До свида́ния!
Auf Wiedersehen!

Всего́ хоро́шего / до́брого!
Mach's gut / Macht's gut / Machen Sie es gut! Alles Gute!

До́брое у́тро!
Guten Morgen!

И вам.
Dir/Euch/Ihnen auch. / Ebenso.

До́брый ве́чер!
Guten Abend!

До (ско́рой) встре́чи! / До ско́рого!
Bis bald!

Приве́т!/Пока́!
(unter jungen Leuten oder im informellen Gespräch:) Hallo! / Tschüß!

Чем вы занима́етесь?*
Was machen Sie beruflich?

Как вас зову́т?
Wie heißen Sie?

Дава́йте перейдём на ты? – Не бу́дем спеши́ть.
Wollen wir uns nicht duzen? – Wir sollten das lieber nicht überstürzen.

Меня́ зову́т...
Ich heiße ...

ва́жные фра́зы

wichtige Sätze

Как дела́?
Wie geht's?

Отку́да вы?
Woher kommen Sie?

Дава́йте познако́мимся!
Machen wir uns miteinander bekannt!

О́чень рад.
Ich freue mich sehr.

Позво́льте/разреши́те предста́вить(ся): ...
Gestatten Sie, dass ich mich vorstelle. / Darf ich ... vorstellen:

О́чень прия́тно.
Schön, Sie kennenzulernen.

Знако́мство

Kennenlernen

*Im Russischen ist die Satzstellung oft variabel. Vieles hängt vom Textfluss ab. Deswegen stimmt die Satzstellung in den Mindmaps nicht immer mit der Satzstellung in den Geschichten überein.

Чёрный, бе́лый не бери́те

Bei diesem Sprachspiel werden Fangfragen gestellt. Die Befragten müssen schnell antworten und dürfen dabei die Wörter *ja*, *nein*, *schwarz* und *weiß* nicht verwenden.

— Чёрный, бе́лый не бери́те, да и нет не говори́те, что жела́ете купи́ть?

— Я хочу́ купи́ть… Торт!

— С чёрным шокола́дом и́ли с бе́лым?

— Без шокола́да. С фру́ктами.

— У нас нет с фру́ктами, то́лько с шокола́дом.

— Как жаль! Тогда́ я хочу́ купи́ть…

Де́вочки игра́ют уже́ давно́, в ко́мнату **загля́дывает** (schaut … herein) ма́ма Ри́ты.

— Я хочу́ купи́ть… — Ри́та ещё ду́мает.

— Хлеб! — говори́т ма́ма. — Де́вочки, у нас хле́ба нет! **Ни** (Weder…) чёрного, **ни** (noch) бе́лого. **Сходи́те за хле́бом** (Geht Brot kaufen), пожа́луйста!

— Коне́чно, тётя А́лла, с удово́льствием! — отвеча́ет Зо́я.

— То́лько за хле́бом — э́то неинтере́сно. Что нам ещё ну́жно, ма́ма? Ты обы́чно пи́шешь **спи́сок** (Liste). Где он?

alles Mögliche
— На ку́хне, на столе́. Но нам **мно́го всего́** ну́жно.

— Мы всё ку́пим! Я возьму́ с собо́й спи́сок.

okay
— Хорошо́, вот он. Так, хлеб, молоко́, рис... «Жасми́н», **ла́дно**?

Quark / Mindesthaltbarkeitsdatum
Творо́г, как мы обы́чно берём. То́лько **срок го́дности** посмотри́те, пожа́луйста. Са́хар, соль... Вы в «Пятёрочку»* идёте или в «Ле́нту»*? Е́сли в «Ле́нту», то сыр и ры́бу не бери́те, я их возьму́ во «ВкусВилЛе»*, ко́фе я то́же сама́ куплю́. Хочу́ посмотре́ть, како́й есть.

— Ма́ма, а моро́женое мо́жно?

sonst / schmilzt / lacht / Geld / Kundenkarte / Sonderangebote
— Мо́жно. Тогда́ я бу́ду то́чно знать, что вы бы́стро придёте, **а то** оно́ **раста́ет**, — **смеётся** ма́ма. — Вот **де́ньги** и **ка́рточка** «Ле́нты», её покажи́ на ка́ссе, что́бы получи́ть **ски́дки по а́кциям**.

— Поняла́. Ско́ро бу́дем!

Geschäft / Am Parkplatz vorbei
До **магази́на** недалеко́, но де́вочки иду́т ме́дленно. **Ми́мо парко́вки**, ми́мо де́тского са́да.

— Наш са́дик, — говори́т Зо́я. — Смотри́: они́ сейча́с гуля́ют... Таки́е ма́ленькие!

Weißt du noch / Kilogramm
— **По́мнишь**, как мы в магази́н игра́ли? Ты у меня́ 50 **килогра́мм** я́блок купи́ть хоте́ла и ваго́н шокола́да! Я спра́шиваю:

Soll ich es Ihnen einpacken?
«**Вам заверну́ть?**» А ты: «Нет, спаси́бо, я так съем».

— Сейча́с в магази́не попро́сим ваго́н шокола́да, на нас тааaак

Wir sind da. Einkaufswagen
посмо́трят, да?.. Ла́дно, **мы пришли́**. Бери́ **теле́жку**.

sucht
Де́вочки беру́т теле́жку, одна́ чита́ет спи́сок, друга́я **и́щет**, что им ну́жно:

Packungen Paket
— Так, творо́г — две **па́чки**, молоко́... Оди́н **паке́т**, два?

1-Liter-Packung
— Оди́н, **литро́вый**. Пото́м рис. Есть?

— Да, что ещё?

— Са́хар, соль... Ой, Ри́та, мы с тобо́й то́лько бе́лое берём! Бе́лый хлеб, пото́м молоко́, рис, соль, са́хар... Моро́женое то́же бе́лое возьмём, хорошо́?

— Нет, я шокола́дное хочу́.

lustig
— Ну, пожа́луйста! Так **смешно́** бу́дет. Сего́дня еди́м то́лько бе́лое!

— Ну, хорошо́. Берём вани́льное. Всё?

— Всё! Идём на ка́ссу!

Schlange
В ка́ссу небольша́я **о́чередь**, но касси́ры рабо́тают бы́стро,

nur
де́вочки ждут **всего́** не́сколько мину́т. И вот они́ уже́ на у́лице.

— Я в де́тском саду́ хоте́ла быть касси́ршей, — говори́т Зо́я. — А сейча́с ду́маю: тру́дно на ка́ссе рабо́тать. «Здра́вствуйте! **С вас** (Das macht) **740 рубле́й 25 копе́ек.** (740 Rubel und 25 Kopeken.) **У вас есть ка́рта на́шего магази́на?** (Haben Sie eine Kundenkarte?) **Нали́чными бу́дете плати́ть и́ли ка́ртой?** (Zahlen Sie bar oder mit Karte?) **Вам паке́т ну́жен?** (Brauchen Sie eine Tüte?) Фигу́рки **собира́ете** (sammeln)? Всего́ до́брого». И так весь день!

До́ма ма́ма **разбира́ет поку́пки** (packt die Einkaufstasche aus):

— Рис, творо́г, молоко́...

— Ма́ма, как смешно́: всё бе́лое! И моро́женое мы бе́лое взя́ли.

— А чёрный хлеб не купи́ли, потому́ что он чёрный?

— Нет, в спи́ске был про́сто хлеб, я не поняла́, что чёрный то́же ну́жен. Ма, я зна́ю! Мы сейча́с за ним схо́дим, и тепе́рь мо́жно то́лько чёрное брать. Чёрный хлеб и... И моро́женое! Шокола́дное.

— Заче́м ещё моро́женое? Вы уже́ взя́ли па́чку.

— Ну́жно чёрное! Пожа́луйста, ма́мочка! Бу́дет как в игре́. **То́лько наоборо́т** (Nur genau andersherum). Мо́жно, а?

— Ла́дно, мо́жно. Чёрный, бе́лый... Бери́те!

*«Пятёрочка», «Ле́нта» sind zwei große russische Lebensmittelketten. «Вку́сВилл» ist ein Bio-Supermarkt.

ме́ры ве́са, объёма

Maßeinheiten (Gewicht und Volumen)

па́чка
Packung

килогра́мм
Kilogramm

паке́т
Paket

грамм
Gramm

паке́тик
Päckchen

литр
Liter

Что нам ну́жно для поку́пок?

Was brauchen wir zum Einkaufen?

де́ньги
Geld

сда́ча
Wechselgeld

ка́рточка
Kundenkarte

корзи́нка
Einkaufskorb

спи́сок
Liste

кошелёк
Geldbeutel

теле́жка
Einkaufswagen

Куда́ идём за проду́ктами?

Wohin gehen wir zum Einkaufen?

ры́нок
Markt

магази́н
Laden, Geschäft

о́вощи-фру́кты
Obst und Gemüse

ры́бный магази́н
Fischgeschäft

сеть продукто́вых магази́нов
Lebensmittelkette

бу́лочная, конди́терская
Bäckerei, Konditorei

суперма́ркет
Supermarkt

биома́ркет
Bioladen

мясно́й магази́н
Metzgerei

ва́жные словосочета́ния и фра́зы

wichtige Wortverbindungen und Sätze

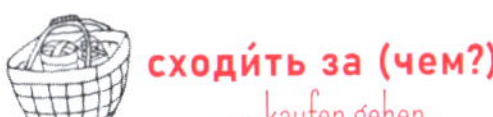

сходи́ть за (чем?)
... kaufen gehen

Что бы вы хоте́ли?
Sie wünschen?

срок го́дности
Mindesthaltbarkeitsdatum

го́ден до...
mindestens haltbar bis ...

У вас есть ка́рта на́шего магази́на?
Haben Sie eine Kundenkarte?

Сего́дня есть ски́дки по а́кциям?
Gibt es heute Sonderangebote?

Бу́дете плати́ть нали́чными и́ли ка́ртой?
Zahlen Sie bar oder mit Karte?

С Вас ... рубле́й ... копе́ек.
Das macht ... Rubel und ... Kopeken.

Вам паке́т ну́жен?
Brauchen Sie eine Tüte?

Поку́пки, проду́кты

Einkäufe, Lebensmittel

Щи по-мексика́нски

— Ты свобо́дна в суббо́ту?

— Да. А что, есть пла́ны?

— Пойдём к мои́м роди́телям?

— С удово́льствием! Мне у них нра́вится.

— Они́ то́же всегда́ ра́ды тебя́ ви́деть. Зна́ешь, они́ ру́сский язы́к тепе́рь у́чат.

Wow!

— **Вот э́то да!** Каки́е у тебя́ ма́ма с па́пой чуде́сные!

О́ля из Москвы́, сейча́с она́ у́чится в университе́те в Ма́йнце. Тоби́аса она́ зна́ет уже́ давно́. Он пока́зывает ей Герма́нию, она́ расска́зывает ему́ о Росси́и. Тоби́ас был там уже́ два ра́за: интере́сно познако́миться со страно́й бу́дущей жены́.

Суббо́та. Ве́чер. О́ля с Тоби́асом и его́ роди́тели сидя́т у ками́на. „Как хорошо́, — ду́мает О́ля, — а ма́ма и па́па в Москве́…“

— Зна́ете что, — говори́т вдруг де́вушка, — а пое́дем все вме́сте

in den Ferien
в Москву́? Ле́том, **на кани́кулах**. Вы уже́ так хорошо́ говори́те по-

ein bisschen üben
ру́сски! Как раз мо́жно **попрактикова́ться**.

— Прекра́сная иде́я! Дава́йте!

ist aufgeregt
Ма́ма О́ли **волну́ется**. Сего́дня в час дня у них го́сти: роди́тели

räumt … auf
Тоби́аса — Ка́рла и Ян. Па́па **наво́дит поря́док** в ко́мнатах, ма́ма и

kochen Mittagessen
О́ля на ку́хне **гото́вят обе́д**.

wasch
— О́ля, **помо́й**, пожа́луйста, о́вощи.

— Сейча́с, я смотрю́ в Интерне́те, что тако́е ру́сская ку́хня.

— А так ты не зна́ешь?

Stell dir vor
— **Представля́ешь**, нет! Борщ — украи́нский, кефи́р — с Кавка́за,

Kuchen (Pl.) kochen
пироги́ в Герма́нии то́же едя́т… Ла́дно, сего́дня мы **ва́рим** щи и

formen Maultaschen
ле́пим пельме́ни. Ма́ма, они иду́т! Я в окно́ ви́жу.

(hier:) empfangen
Оте́ц открыва́ет дверь, О́ля с ма́мой иду́т **встреча́ть** госте́й.

Wie das duftet! Pfannkuchen
— **Как вку́сно па́хнет!** — говори́т Тоби́ас. — Э́то **блины́**, да, О́ля?

— Нет, пиро́г к ча́ю. Извини́те, иду́ на ку́хню — пельме́ни лепи́ть.

— Я с тобо́й, мо́жно? — спра́шивает То́биас и идёт за О́лей на ку́хню. — То́лько я не зна́ю как.

— Я покажу́. А ты расскажи́, как я́блочный штру́дель гото́вить.

— Мою́ ма́му попроси́. Вот она́ прекра́сно гото́вит!

— Зна́ю, поэ́тому волну́юсь: понра́вится ей мой пиро́г и́ли нет?

— Коне́чно, понра́вится!

Все роди́тели сидя́т в большо́й ко́мнате, разгова́ривают, смо́трят фотогра́фии: тут О́ле два го́да, тут она́ в пе́рвом кла́ссе, вот вся семья́ на мо́ре...

— О́ля, Тоби́ас, иди́те к нам! Попро́буем пиро́г?

— Он к ча́ю!! Его́ ещё ра́но есть! Снача́ла обе́д!

ein bisschen

— Ничего́, мы **немно́жко**. Придёте?

— Нет, мы за́няты!

Mehl

На ку́хне всё в **муке́** — стол, стул, Тоби́ас. На столе́ — пельме́ни. Мно́го-мно́го пельме́ней.

— Девяно́сто! — ве́село говори́т Тоби́ас. — Что мы бу́дем с ни́ми де́лать?

Essen! Mit saurer Sahne

— **Есть!** — отвеча́ет О́ля. — **Со смета́ной**. Вари́ть, пото́м есть. Но снача́ла — щи.

— Вы всегда́ еди́те суп на обе́д?

— Па́па с ма́мой — да, а я то́лько когда́ я у них. Па́па говори́т, что мой щи непра́вильные — с тома́тной па́стой. Щи в Росси́и уже́

Tomaten

ты́сячу лет едя́т, **помидо́ров** тогда́ в Росси́и не́ было. Но мне с тома́тной па́стой нра́вится. Я люблю́ эксперименти́ровать.

das gelingt dir gut

— И **у тебя́ хорошо́ получа́ется**, пиро́г чуде́сный. Тобиа́с,

probier mal

попро́буй, — о́бе ма́мы уже́ на ку́хне. Ка́рла даёт сы́ну кусо́к пирога́. — Что ты гото́вишь? — спра́шивает она́ О́лю. — Суп?

— Да. Э́то щи, — де́вушка смо́трит на Ка́рлу, а сама́ бы́стро берёт

Löffel Dose

со стола́ большу́ю **ло́жку** и **ба́нку**. О́ля понима́ет: её ма́ма хо́чет

etwas Topf

что́-то сказа́ть, но по́здно: полови́на ба́нки уже́ в **кастрю́ле**.

Scharf

— О́ля! Э́то был со́ус чи́ли, — ме́дленно говори́т её ма́ма. — **О́стрый** -о́стрый!

Ка́рла слу́шает:

— Как интере́сно! Э́то традицио́нный ру́сский суп?

Tasse

О́ля осторо́жно про́бует... Бы́стро берёт **ча́шку** с холо́дной водо́й,

trinkt

пьёт, а пото́м отвеча́ет:

(hier:) wohl eher

— Ру́сский? Тепе́рь, **ка́жется**, мексика́нский!

посу́да, прибо́ры
Geschirr, Besteck

ло́жка
Löffel

ча́йная ло́жка
Teelöffel

столо́вая ложка
Esslöffel
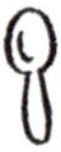

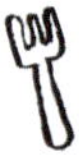
ви́лка
Gabel

нож
Messer
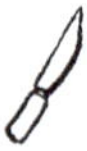

ба́нка
Dose
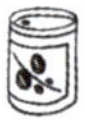

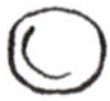
таре́лка
Teller

ча́шка
Tasse

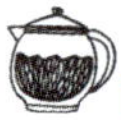
ча́йник
Teekanne, Teekessel

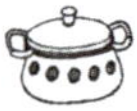
кастрю́ля
Topf

де́йствия
Handlungen

пить
trinken

есть
essen

чи́стить
schälen

гото́вить
kochen, zubereiten

ре́зать
schneiden

вари́ть
in Wasser oder Brühe kochen

мыть
waschen

печь
backen

жа́рить
braten

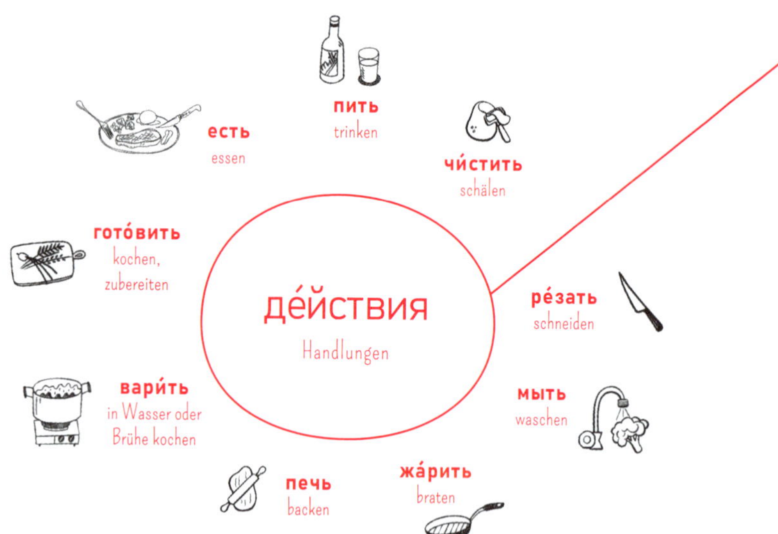

Еди́м до́ма

Wir essen zu Hause

Что гото́вим?

Was bereiten wir zu?

за́втрак
Frühstück

обе́д
Mittagessen

у́жин
Abendessen

пе́рвое, суп
erster Gang, Suppe

второ́е
Hauptspeise

десе́рт
Dessert

ва́жные фра́зы

wichtige Sätze

Как вку́сно па́хнет!
Wie das duftet!

Горячо́!
Heiß!

Вку́сно!
Lecker/Köstlich!

Попро́буй!
Probier mal!

Возьми́те ещё...
Nehmen Sie doch noch ...

О́стро!
Scharf!

Спаси́бо, о́чень вку́сно, но я уже́ сыт / сыта́.
Danke, es war wirklich lecker, aber ich bin satt.

Вре́мени нет!

Wofür interessieren Sie sich? Was ist Ihr Hobby?

«**Чем вы интересу́етесь? Како́е у вас хо́бби?**..» – Вита́лий смо́трит на страни́цу «**Сде́лай сам**» (Do it yourself!) в инстагра́ме. Он **то́лько-то́лько* подписа́лся** (hat gerade erst den DIY-Blog abonniert) и тепе́рь чита́ет информа́цию в про́филе и пе́рвый пост. А там в коммента́риях э́ти вопро́сы! «Что я люблю́? Не зна́ю, что я люблю́. У меня́ нет вре́мени на хо́бби! О́фис, стол, компью́тер, ци́фры, пла́ны... Я весь день за **компо́м** (PC) сижу́». Обе́денный переры́в **конча́ется** (geht zu Ende), на́до идти́ на своё рабо́чее ме́сто. Вита́лий ещё пи́шет к посту́ «Сде́лай сам» коммента́рий: «У меня́ нет вре́мени на хо́бби». **Серди́то** (Verärgert) закрыва́ет инстагра́м и начина́ет рабо́тать.

По доро́ге домо́й он ду́мает, **чем ему́ нра́вится занима́ться** (womit er sich gerne beschäftigt). **Игра́ть в ша́хматы** (Schach spielen)? Нет. **Танцева́ть** (Tanzen)? Когда́ был студе́нтом, он непло́хо танцева́л. Сейча́с нет жела́ния. **Пла́вать** (Schwimmen)? Нет, в бассе́йне вода́ холо́дная. **На лы́жах ката́ться** (Ski fahren)? Где и когда́, интере́сно?..

Вита́лий открыва́ет дверь в кварти́ру. До́ма ти́хо.

– Приве́т! Есть кто до́ма? Вы где?

ruft
– Па́па! Приве́т! – до́чка **кричи́т** из ко́мнаты. – Я рису́ю!

– А ма́ма где?

– На ку́хне. Пап, зна́ешь...

– Нет. И не кричи́, пожа́луйста! Ну́жно – приди́ и скажи́.

Вита́лий идёт на ку́хню. Жена́ сиди́т у стола́ с кни́жкой в рука́х.

– Али́са!

Ich habe gar nicht gehört
– А? Приве́т. **Не слы́шала**, когда́ ты пришёл. Как дела́?

er sauer wird
– Хорошо́, – Вита́лий вдруг чу́вствует, что **се́рдится**: одна́ чита́ет, друга́я рису́ет, а он рабо́тает до ве́чера. – У́жинать когда́ бу́дем?

– Сейча́с-сейча́с. Ю́ля рису́ет, хоте́ла тебе́ показа́ть карти́ну.

– Я то́лько с рабо́ты пришёл. Мо́жно я отдохну́? – серди́то отвеча́ет Вита́лий и сади́тся к столу́. – Коммента́рии в инстагра́ме прочита́ю.

man (da) schreibt
Я на но́вый акка́унт подписа́лся, посмотрю́, что **пи́шут**.

Пи́шут мно́го, но неинтере́сно. На ку́хню прихо́дит Ю́ля, Али́са расска́зывает ей о том, что чита́ла:

– ...он был оди́н на пло́щади Ню́рнберга. В 16 лет он пло́хо говори́л, ходи́л, до э́того почти́ не ви́дел люде́й. А пото́м

hat man ihn umgebracht
его́ уби́ли. Никто́ не зна́ет, кто и почему́. Я́коб Ва́сserман написа́л

о Ка́спаре Ха́узере вот э́ту кни́гу... Так, у́жин на столе́. Ю́ля, ты

хоте́ла па́пе свою́ карти́ну показа́ть.

– Да, сейча́с! Вот, пап, смотри́: дождь идёт, тут у́лица, а ко́шка...

Woher nimmst du nur die Zeit zum Malen?
– Я сам ви́жу. Хорошо́, да. **Ты когда́ рисова́ть успева́ешь**?

Уро́ки сде́лала?

– Да. Мне ма́ма расска́зывает про кни́жку...

(hier:) zum Lesen
– Когда́ твоя́ ма́ма **чита́ть** успева́ет?

sehen einander an
Али́са и Ю́ля **смо́трят друг на дру́га**.

Nebenher / Ich lese gern.
– **Ме́жду де́лом**, – отвеча́ет Али́са. – **Я люблю́ чита́ть**.

– А я люблю́ рисова́ть! Пап, а ты что лю́бишь?

Вита́лий смо́трит в свою́ таре́лку.

– Не зна́ю, никогда́ не́ было вре́мени на то, что хочу́.

in der Freizeit
– А чего́ ты хо́чешь? Что тебе́ нра́вится де́лать **в свобо́дное вре́мя**?

– Како́е свобо́дное вре́мя? Я рабо́таю!

am Wochenende / abends
– А **в выходны́е**? Или **ве́чером**? Что ты лю́бишь де́лать?

Sägen / und so was alles / Geruch
– **Пили́ть и вся́кое тако́е**... Мне нра́вится **за́пах** де́рева. Нра́вится

рука́ми рабо́тать. То́лько заче́м? Сту́лья, столы́ – всё в магази́не есть.

Staffelei
– Па́па, а ты мо́жешь мне **мольбе́рт** сде́лать? И ра́му для карти́ны?

Я большу́ю нарисова́ла, у меня́ нет тако́й ра́мы. Мо́жешь?

– И где я бу́ду э́то де́лать? У тебя́ в ко́мнате? Или на ку́хне?

– В гараже́ мо́жно.

Ich habe keine Zeit.
– **Не́когда мне.**

trinkt ihren Tee aus
– Жа́лко, – Ю́ля **допива́ет чай**. – Спаси́бо, мам.

– Идёшь спать?

– Нет, я ещё рису́ю.

Okay
– А я чита́ю. **Ла́дно**, недо́лго – и спать.

Вита́лий оди́н на ку́хне. В до́ме так ти́хо! Он берёт в ру́ки

steht er auf
телефо́н... Пото́м вдруг **встаёт**:

– Ю́ля! Юль! Кака́я ра́мка тебе́ нужна́? У меня́ в гараже́ есть

Werkzeug nach
материа́л для неё. И **инструме́нты**. За́втра посмотрю́ **по́сле**

der Arbeit
рабо́ты.

*Im Russischen benutzt man oft Verdoppelungen (Reduplikationen), um eine Bedeutung zu verstärken: о́чень-о́чень, чуть-чуть (ein kleines bisschen). Beispiele in diesem Text sind то́лько-то́лько und сейча́с-сейча́с.

Что вы лю́бите де́лать?

Was machen Sie gerne?

фотографи́ровать
fotografieren

чита́ть
lesen

мастери́ть
basteln

игра́ть на пиани́но/скри́пке/гита́ре/...
Klavier/Geige/Gitarre/... spielen

танцева́ть
tanzen

занима́ться спо́ртом
Sport machen

рисова́ть
malen

ката́ться на лы́жах
Ski fahren

игра́ть в ша́хматы/футбо́л/те́ннис/...
Schach/Fußball/Tennis/...spielen

пла́вать
schwimmen

вре́мя для хо́бби

Zeit für das Hobby/die Hobbys

регуля́рно
regelmäßig

в выходны́е
am Wochenende

ча́сто
oft

иногда́
manchmal

в свобо́дное вре́мя
in der Freizeit

по́сле рабо́ты
nach der Arbeit

в воскресе́нье
am Sonntag

ве́чером
abends, am Abend

в суббо́ту
am Samstag

ва́жные фра́зы
wichtige Sätze

Како́е у вас хо́бби?
Was ist Ihr Hobby?

Чем вам нра́вится занима́ться?
Womit beschäftigen Sie sich gerne?

Чем вы интересу́етесь?
Wofür interessieren Sie sich?

Как вы прово́дите свобо́дное вре́мя?
Wie verbringen Sie Ihre Freizeit?

Я люблю́ чита́ть /...
Ich lese / ... gern.

Хо́бби
Hobbys

6 Профе́ссия и́ли хо́бби?

«Ря́дом с реко́й Мо́йкой — э́то должно́ быть здесь», — ду́мает
Глеб. Он ме́дленно идёт по ма́ленькой у́лице в це́нтре Санкт-
Gasse Schild
Петербу́рга. «**Переу́лок** Гривцо́ва, — чита́ет Глеб **табли́чку** на
Musiker
до́ме. — Интере́сно, кто тако́й э́тот Гривцо́в? Поли́тик? **Музыка́нт**?
Schriftsteller Tor
Писа́тель?.. На́до бу́дет узна́ть. Так, всё пра́вильно! Вот **воро́та**.
Жа́лко, закры́ты... Да, не пофотографи́рую я сего́дня. Но кто там
разгова́ривает?»

Reiseleiter
Ря́дом с воро́тами ма́ленькая гру́ппа люде́й и **экскурсово́д**:
Unternehmer
— Григо́рий Деми́дов — ру́сский бота́ник, **предпринима́тель**, как
мы сейча́с говори́м: бизнесме́н. Хозя́ин заво́дов на Ура́ле. В 50-е
го́ды XVIII-го ве́ка он живёт в Санкт-Петербу́рге, стро́ит дворе́ц,
кото́рый я вам сего́дня покажу́. С у́лицы его́ нельзя́ уви́деть за
hinein
други́ми дома́ми. Все здесь? Тогда́ мы с ва́ми идём **внутрь**.
kann ich mitkommen
— Извини́те, **мо́жно мне с ва́ми**? — бы́стро говори́т Глеб. — Я
Fotograf
фото́граф, давно́ хочу́ посмотре́ть дом Деми́дова, но тут обы́чно

закры́то. Я не знал, что есть экску́рсии.

Sie können sich uns ruhig anschließen.
— Есть, но о́чень-о́чень ре́дко. **Присоединя́йтесь**.

— Биле́т ну́жен?

— Нет, ничего́ не ну́жно.

— А фотографи́ровать там мо́жно?

— Да, мо́жно. Там нет музе́я.

Reiseleiter
После экску́рсии Глеб спра́шивает **ги́да**, где тот рабо́тает — в
finden
како́м бюро́ мо́жно его́ **найти́**.

— Я не люблю́ станда́ртные экску́рсии: спра́ва вы ви́дите, сле́ва вы ви́дите... А тут бы́ло о́чень интере́сно, спаси́бо! И где так
wird man zu ... ausgebildet
хорошо́ **у́чат на** экскурсово́дов?

lacht
— На экономи́ческом факульте́те, — экскурсово́д **смеётся**. — Я не
Betriebswirt ... zu führen
экскурсово́д, я **экономи́ст**, в IT компа́нии рабо́таю. **Води́ть** гру́ппы по го́роду — моё хо́бби. Пока́зываю Петербу́рг друзья́м и тем, кого́ они́ приглаша́ют.

ein Zweitstudium absolvieren
— Необы́чно! Зна́ю, что лю́ди нере́дко **получа́ют второ́е**
das Fachgebiet wechseln Arzt
образова́ние и **меня́ют специа́льность**. Был челове́к **врачо́м**,
wurde dann Biologielehrer
стал учи́телем биоло́гии. И́ли был исто́риком, стал

Journalist ganz und gar
журнали́стом... Но в свобо́дное вре́мя занима́ться **совсе́м** друго́й рабо́той...

— Для меня́ э́то не то́лько рабо́та, но и о́тдых. Но́вые лю́ди, но́вые места́, я хожу́ по люби́мому го́роду и расска́зываю о том, что мне интере́сно. Я не беру́ де́нег за э́ти экску́рсии: я

Autodidakt Programmierer Urlaub
дилета́нт. А есть у меня́ друг-**программи́ст**, кото́рый в **о́тпуске**

arbeitet als Skilehrer
рабо́тает горнолы́жным инстру́ктором. Акти́вный о́тдых, рабо́та

wieder
с людьми́ — ему нра́вится, а пото́м **снова́** к компью́теру... А вы профессиона́льный фото́граф, да? Мне всегда́ бы́ло интере́сно, где на фото́графов у́чат.

— В ра́зных места́х, но я институ́т кино́ и телеви́дения око́нчил. Тепе́рь для интерне́т-магази́нов фотографи́рую оде́жду,

Spielzeug Das mache ich hauptberuflich. für mich
игру́шки... **Э́то моя́ основна́я рабо́та**, а для **себя́** я по го́роду с

ein gemeinsames
ка́мерой гуля́ю... Слу́шайте, а дава́йте **о́бщий** прое́кт сде́лаем? По нетуристи́ческому Петербу́ргу? У меня́ е́сть знако́мая писа́тельница... Вы расска́зываете, она́ те́ксты пи́шет, я фотографи́рую. Мо́жно в Интерне́те сайт сде́лать, а пото́м кни́гу

Reiseführer
или **путеводи́тель**? Дава́йте?

— Интере́сная иде́я! Но дава́йте снача́ла познако́мимся. Я Артём Ме́льников.

— О́чень прия́тно! Глеб. Глеб Кузнецо́в*. Вот моя́ визи́тная ка́рточка, тут и телефо́н, и е-ме́йл, и а́дрес са́йта с портфо́лио. Звони́те — бу́дем ду́мать вме́сте. Всегда́ мечта́л

mein Hobby zum Beruf zu machen
преврати́ть хо́бби в профе́ссию.

* Die Nachnamen der Protagonisten gehören zu den alten, verbreiteten russischen Familiennamen, die eindeutig auf Berufsbezeichnungen zurückgehen: Ме́льников – Müller, Кузнецо́в – Schmied.

экскурсово́д, гид
Reiseleiter*in

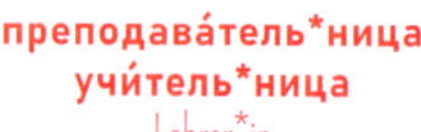

преподава́тель*ница
учи́тель*ница
Lehrer*in

челове́к-челове́к
Mensch-Mensch

врач
Arzt/Ärztin

журнали́ст*ка
Journalist*in

арти́ст*ка
Schauspieler*in

фото́граф
Fotograf*in

челове́к-о́браз
Mensch-Bild

писа́тель*ница
Schriftsteller*in

музыка́нт
Musiker*in

экономи́ст*ка
Betriebswirt*in

программи́ст*ка
Programmierer*in

челове́к-знак
Mensch-Zeichen(-System)

перево́дчик/
перево́дчица
Übersetzer*in

матема́тик
Mathematiker*in

води́тель
Fahrer*in

челове́к-те́хника
Mensch-Technik

инжене́р
Ingenieur*in

био́лог
Biologe/Biologin

ветерина́р
Tierarzt/Tierärztin

челове́к-приро́да
Mensch-Natur

получи́ть профе́ссию
einen Beruf ergreifen

меня́ть ме́сто рабо́ты / специа́льность
die Arbeitsstelle / das Fachgebiet wechseln

иска́ть рабо́ту
eine Arbeitsstelle suchen

де́йствия
Handlungen

стать (кем?)
... werden

находи́ть рабо́ту
eine Arbeitsstelle finden

рабо́тать (кем?)
als ... arbeiten

учи́ться на... (кого́?)
ausgebildet werden zu ...,
eine Bildungseinrichtung besuchen,
um ... zu werden

Профе́ссия
Beruf

Кто вы по профе́ссии?
Was sind Sie von Beruf?

ва́жные фра́зы
wichtige Sätze

Где вы рабо́таете?
Wo arbeiten Sie?

Я безрабо́тный.
Ich bin arbeitslos.

Э́то моя́ основна́я рабо́та.
Das mache ich hauptberuflich.

Сне́жный городо́к

kleine Stadt aus Schnee und Eis

Анто́н сиди́т и смо́трит на го́ру оде́жды. На сту́ле лежа́т тёплые брю́ки, ша́рф, ша́пка. У Анто́на гость – его́ друг Ти́мо. Они́ колле́ги, **вме́сте** (zusammen) рабо́тают в Мю́нхене.

— Что ты де́лаешь? — спра́шивает Ти́мо.

— Ищу́ тёплую **ку́ртку** (Jacke)... А, вот она́, под сту́лом.

— Заче́м она́ тебе́? На у́лице +4, **до́ждь идёт** (es regnet).

— Ты зна́ешь, я е́ду в Росси́ю, а там в феврале́ **хо́лодно** (kalt). Я хочу́ познако́миться с роди́телями А́нны. У нас с ней ско́ро сва́дьба.

— **Да ты что?** (Wirklich?) **Поздравля́ю** (Herzlichen Glückwunsch!)!

— Спаси́бо, Ти́мо. **Име́й в виду́** ((wörtl.:) Bedenke; (hier:) Schon mal vorab), я тебя́ приглаша́ю.

— Спаси́бо за приглаше́ние! А где живу́т роди́тели А́нны?

— В Барнау́ле.

— Где-где? Что э́то?

— Э́то го́род в Сиби́ри.

Pelzmantel und Fäustlinge
— Тогда́ бери́ с собо́й не ку́ртку, а **шу́бу и ва́режки**.

— У меня́ нет шу́бы и ва́режек, но есть о́чень тёплая дли́нная ку́ртка!

Че́рез неде́лю роди́тели А́нны встреча́ют их в аэропорту́. Не́бо
es schneit
се́рое, **идёт снег**, хо́лодно.

mit Honig
— Пое́хали,— говори́т оте́ц А́нны. — До́ма ждёт горя́чий чай **с мёдом**.

В окно́ маши́ны Анто́н ви́дит на пло́щади го́род из сне́га.

— Что э́то?

— Сне́жный городо́к. За́втра его́ посмо́трим, — отвеча́ет А́нна.

starker Wind
У́тром -15 и **си́льный ве́тер**, но А́нна с Анто́ном иду́т в сне́жный городо́к.

Ма́ма А́нны даёт Анто́ну ва́режки. У Анто́на кра́сные ва́режки, у А́нны бе́лые.

Городо́к о́чень краси́вый, всё бе́лое-бе́лое. Как ва́режки А́нны.
Werktag
Э́то **рабо́чий день** – в городке́ никого́ нет, но откры́т кио́ск, где
Drache
есть горя́чий чай и шокола́д. Анто́ну о́чень нра́вится **драко́н** из сне́га.

— Краси́во! Жаль, что ско́ро **весна́** (Frühling), — говори́т Анто́н.

— Ско́ро? Сне́га не бу́дет то́лько в апре́ле, в ма́рте ещё **моро́зы** (Frost). Тут **зима́** (Winter) пять ме́сяцев.

А́нна и Анто́н до́лго гуля́ют по городку́.

— Хо́лодно! — ти́хо говори́т Анто́н.

— Что? Ты весь бе́лый! Жди тут. Я принесу́ горя́чий шокола́д.

А́нны нет. Анто́н оди́н у вхо́да в сне́жный лабири́нт. «Нельзя́ стоя́ть на одно́м ме́сте, — ду́мает он. — На́до ходи́ть». Анто́н хо́дит туда́-сюда́. Оди́н **шаг** (Schritt), два, три, четы́ре. Оди́н шаг, два, три, четы́ре... «А́нна, приходи́, а то я бу́ду бе́лый и холо́дный как весь э́тот го́род. На́до ду́мать о горя́чем шокола́де. Он вку́сный... Вот я его́ пью... **Мне тепло́** (Mir ist warm)... Я иду́... Стоп! Куда́ я иду́?» Антон **смо́трит вокру́г** (sieht sich um): «Где э́то я? Я́сно, в само́м лабири́нте. На́до идти́ к вы́ходу, к А́нне. Но куда́ идти́? Наза́д? И́ли пря́мо? Како́й большо́й лабири́нт! План на́до дава́ть на вхо́де!» Анто́н идёт пря́мо: стена́ из сне́га. Он бы́стро идёт наза́д. Всё бе́лое. Над ним голова́ сне́жного драко́на. «Э́то хорошо́. Но куда́ тепе́рь? Где вы́ход?» — Анто́ну ста́ло **жа́рко** (heiß) на моро́зе.

— Анто́н! Ты где?

Э́то А́нна, она́ **совсе́м** (ganz) ря́дом, но за стено́й.

— Я тут! Не зна́ю, где вы́ход.

— Смотри́ вверх!

Он ви́дит её ру́ку над стено́й, в руке́ **бума́жный стака́нчик** (Pappbecher), а в нём горя́чий шокола́д. Анто́н берёт стака́нчик.

— Спаси́бо!

— Пожа́луйста. Пей.

Анто́н пьёт. Вку́сно и тепло́.

— Тепе́рь дава́й ру́ку.

Они́ иду́т, ру́ки над стено́й, кра́сная ва́режка в бе́лой. Снача́ла пря́мо, пото́м нале́во, ещё раз нале́во, ещё немно́го пря́мо, **всё** (immer) **да́льше** (weiter) от сне́жного драко́на. Вот и вы́ход.

Че́рез неде́лю А́нна и Анто́н летя́т обра́тно в Мю́нхен.

— Э́то тебе́ небольшо́й пода́рок от нас, — говори́т па́па А́нны. У него́ в рука́х ма́ленькая **коро́бка** (Schachtel). Анто́н открыва́ет её: там лежа́т кра́сные ва́режки.

ле́то – ле́том
Sommer – im Sommer

о́сень – о́сенью
Herbst – im Herbst

сезо́н, вре́мя го́да
Jahreszeit

весна́ – весно́й
Frühling – im Frühling

зима́ – зимо́й
Winter – im Winter

оса́дки
Niederschlag

град
Hagel

дождь
Regen

снег
Schnee

Пого́да
Wetter

температу́ра
Temperatur

жа́рко
heiß

тепло́
warm

хо́лодно
kalt

ни́же нуля́
unter Null

моро́зы
Frost, eisige Temperaturen

вы́ше нуля́
über Null

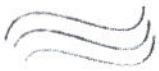

сла́бый
schwach

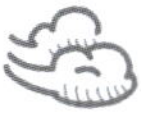

си́льный
stark

ве́тер
Wind

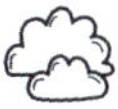

о́блачно
bewölkt, bedeckt

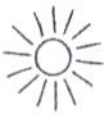

со́лнечно
sonnig

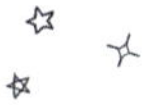

я́сно
wolkenfrei, klar

о́блачность
Bewölkung

Снег идёт.
Es schneit.

Кака́я хоро́шая/плоха́я пого́да!
Was für ein schönes/schlechtes Wetter!

ва́жные фра́зы
wichtige Sätze

Кака́я сего́дня пого́да?
Wie ist das Wetter heute?

Дождь идёт.
Es regnet.

Мне хо́лодно/тепло́ жа́рко.
Mir ist kalt/warm/heiß.

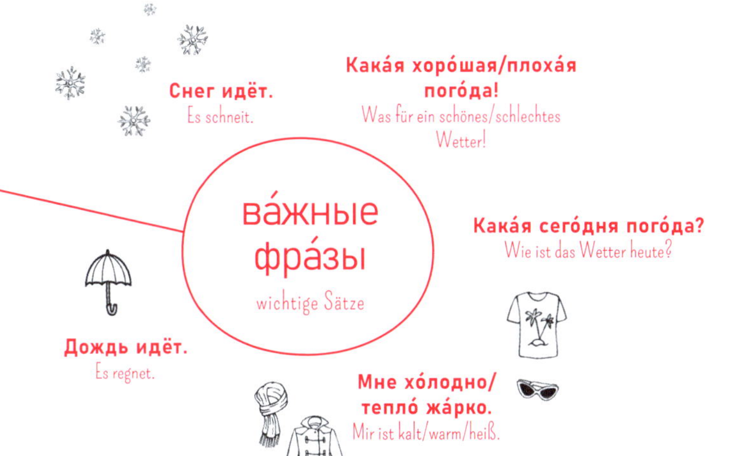

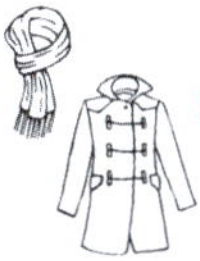

Куда́ е́дем?

По́езд (Zug) «Москва́-Росто́в» **отправля́ется** (fährt ab), но А́лекс уже́ в ваго́не. Интере́сно, где его́ двадца́тое ме́сто? В **ка́ссе** (Schalter) говоря́т, что э́то **ве́рхняя по́лка** ((hier:) das obere Bett). А, вот! Сосе́ди прия́тные, но разгова́ривать А́лекс сейча́с не хо́чет. Он хо́чет спать-спать-спать… Пря́мо до Росто́ва! От Москвы́ до Росто́ва по́езд **идёт** (fährt) 15 часо́в, почти́ 16. **Е́сли по расписа́нию** (Wenn alles nach Plan läuft), то в 10:33 бу́дет на **вокза́ле** (Bahnhof).

А́лекс спит и **во сне ви́дит** (träumt), как гуля́ет по Москве́. На э́тот раз он был там три дня. Кремль. Кра́сный – краси́вый… **Центр** (Zentrum) ста́рых **городо́в** (Städte) Росси́и. В Росто́ве то́же свой кремль. Большо́й теа́тр – у А́лекса нет биле́та. И не на́до, он лю́бит футбо́л, а не теа́тр. Он и в Росто́в е́дет на футбо́л. В э́том году́ **чемпиона́т ми́ра по футбо́лу** (Fußballweltmeisterschaft) в Росси́и. А́лекс спит и ви́дит во сне, как игра́ет в футбо́л на Кра́сной пло́щади.

У́тро. А́лекс пьёт чай и смо́трит в окно́. По́езд идёт **вдоль** [entlang] большо́й реки́. «Кака́я э́то река́? – ду́мает молодо́й челове́к. – На ка́рте то́лько **о́зеро** [See] бы́ло». Тепе́рь по́езд идёт по го́роду, и А́лекс на вре́мя забыва́ет про ре́ку. Вот и вокза́л. **Ему́ выходи́ть** [Er muss aussteigen.].

А́лекс обы́чно **зара́нее бронй́рует но́мер** [bucht im Voraus ein Zimmer] в **гости́нице** [Hotel], **берёт биле́ты** [löst die Fahrkarten], смо́трит план го́рода, и сейча́с он то́же зна́ет а́дрес **оте́ля** [des Hostels] и у него́ ещё есть су́тки до **ма́тча** [Spiel]. **Регистра́ция** [Check-In] в гости́нице с 12 часо́в. **Как раз!** [Das passt ja genau!] На чём **е́хать** [fahren] до гости́ницы? «Возьму́ **такси́** [Taxi]», – ду́мает А́лекс.

– **Куда́ е́дем** [Wohin fahren wir?]? – спра́шивает **такси́ст** [Taxifahrer] – не молодо́й-не ста́рый, весёлый мужчи́на.

– У́лица Но́вый мост, дом 17, – отвеча́ет А́лекс.

– Не зна́ю таку́ю.

– Как?

– А вот так! Не знаю. Я давно́ рабо́таю, нет у нас тако́й у́лицы.

– Дава́йте по навига́тору посмо́трим.

А́лекс и такси́ст смо́трят по навига́тору: тако́й у́лицы в Росто́ве нет.

– Не понима́ю! – гро́мко говори́т А́лекс. – Дава́йте на карте́ посмо́трим. У вас есть ка́рта?

– Да, коне́чно.

Алекс и такси́ст смо́трят по ка́рте: нет тако́й у́лицы.

– Не понима́ю, – повторя́ет А́лекс. – Не мо́жет быть! Смотри́те: э́то письмо́ из гости́ницы. Апа́рт-оте́ль «У Кремля́», у́лица Но́вый мост, дом 17, го́род Росто́в.

– Росто́в Вели́кий! – ме́дленно чита́ет такси́ст. – Вели́кий! А э́то Росто́в-на-Дону́.

– На Дону́? Как? А футбо́л?.. Чемпиона́т по футбо́лу здесь?! За́втра?

– Здесь-здесь, споко́йно. В э́том году́ у мно́гих така́я оши́бка, не вы пе́рвый. В газе́те пи́шут: из Аргенти́ны тури́сты брони́руют но́мер в гости́нице в Вели́ком Но́вгороде, **летя́т** (fliegen) туда́ на **самолёте** (Flugzeug), а футбо́л – в Ни́жнем Но́вгороде.

– Понима́ю... У нас то́же есть Фра́нкфурт-на-Ма́йне и Фра́нкфурт-на-О́дере, а говоря́т про́сто: Фра́нкфурт... Но что мне де́лать?

– Звони́те в ту гости́ницу, **отменя́йте брони́рование** (stornieren Sie die Buchung).

storniert die Buchung
А́лекс звони́т в гости́ницу в Росто́ве Вели́ком и **отменя́ет бронь**.

– Тепе́рь вам нужна́ гости́ница тут, – говори́т такси́ст. – Сло́жно: чемпиона́т ми́ра! Мно́го тури́стов к нам е́дет… Я зна́ю одну́ неплоху́ю гости́ницу ря́дом, она́ и от це́нтра го́рода недалеко́, и
Station Wie
от вокза́ла. Стадио́н на **ста́нции** Заре́чная, вы там спроси́те: «**Как**
komme ich zum
мне пройти́ на стадио́н?» Вам ка́ждый ска́жет.

– Спаси́бо, – говори́т А́лекс. – Как э́та гости́ница называ́ется?

Venedig
– «**Вене́ция**», – отвеча́ет такси́ст. – Е́дем в «Вене́цию»?

А́лекс смо́трит гугл-ка́рту: до Вене́ции 2500 киломе́тров.

– Е́дем! – говори́т он.

лете́ть
fliegen
брони́ровать
buchen
отменя́ть брони́рование/бронь
eine/die Buchung stornieren
е́хать
fahren
де́йствия
Handlungen
идти́
gehen, (von Verkehrsmitteln:) fahren
брать биле́т
eine Fahrkarte lösen
По́езд отправля́ется.
Der Zug fährt ab.
Куда́ е́дем?
Wohin fahren wir?
ва́жные фра́зы
wichtige Sätze
Как мне пройти́ к/на...?
Wie komme ich nach/zu ...?
самолёт
Flugzeug
по́езд
Zug
метро
U-Bahn
тра́нспорт
Verkehrsmittel
авто́бус
Bus
маши́на
Auto
такси́
Taxi

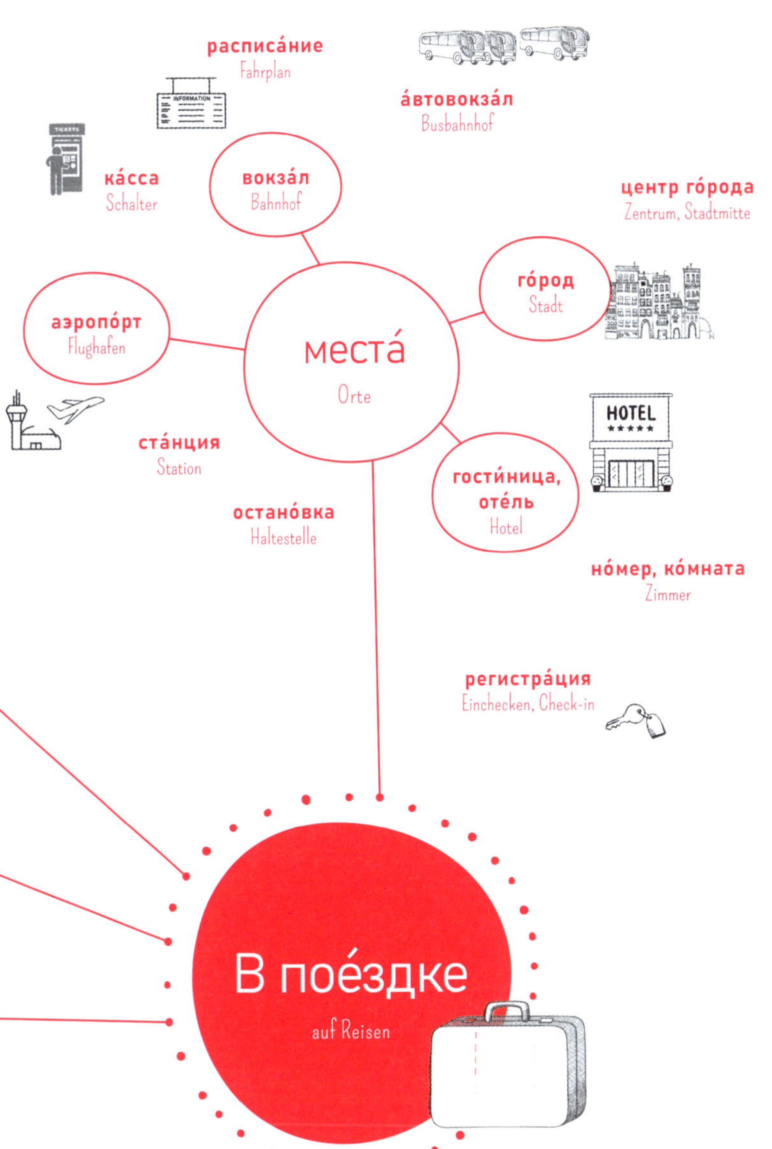

расписа́ние
Fahrplan
INFORMATION
TICKETS
ка́сса
Schalter
вокза́л
Bahnhof
а́втовокза́л
Busbahnhof
центр го́рода
Zentrum, Stadtmitte
го́род
Stadt
аэропо́рт
Flughafen
места́
Orte
HOTEL
ста́нция
Station
гости́ница,
оте́ль
Hotel
остано́вка
Haltestelle
но́мер, ко́мната
Zimmer
регистра́ция
Einchecken, Check-in
В пое́здке
auf Reisen

Ночь в лесу́

Ната́ша, Та́ня и Андре́й – студе́нты-исто́рики, у́чатся в Моско́вском университе́те. У них экза́мены.

– Ещё оди́н экза́мен и всё! До свида́ния, тре́тий курс! Мо́жем де́лать что хоти́м, – ти́хо говори́т Ната́ша. Они́ сидя́т в библиоте́ке, чита́ют истори́ческие хро́ники.

– Пое́дем на мо́ре, – мечта́ет Та́ня.

– На мо́ре до́рого, – отвеча́ет Андре́й. – Я не смогу́.

auf eine Tour / Zelt

– Тогда́ идём **в похо́д**! С **пала́ткой**, в лес! – говори́т Ната́ша. – Туда́

Hund / sonst

и **соба́ку** мо́жно взять, **а то** моя́ Ла́йма всегда́ до́ма сиди́т.

– Су́пер! Андре́й, позови́ с на́ми твоего́ дру́га Вади́ма. Он на гита́ре

Feuer

игра́ет. Э́то тако́е удово́льствие — ве́чером сиде́ть у **огня́** и слу́шать...

– Хорошо́. А тепе́рь – ти́хо! Чита́ем да́льше.

Че́рез неде́лю друзья́ беру́т биле́ты на по́езд и е́дут в Псков. Е́хать далеко́ — всю ночь, но бли́же к Москве́ всегда́ о́чень мно́го наро́да. Вади́м с ни́ми, он лю́бит ходи́ть в похо́ды. У них с собо́й больши́е рюкзаки́, пала́тка, гита́ра... У́тром они́ бу́дут на ме́сте и пойду́т **вдоль** (entlang) реки́ Вели́кой.

В по́езде Ла́йма сиди́т ти́хо, а в лесу́ она́ гро́мко **ла́ет** (bellt).

– Ти́хо, ти́хо! – про́сит Андре́й. – Ла́йма, ти́хо! **Ко́шки** (Katzen) в лесу́ не живу́т, споко́йно.

– Но есть **бе́лки** (Eichhörnchen). Ду́маю, Ла́йма бе́лку ви́дит.

– Ти́хо, Ла́йма, ти́хо, – повторя́ет Ната́ша.

Ве́чером пала́тка стои́т у реки́ под де́ревом. Друзья́ сидя́т у огня́. Вади́м игра́ет на гита́ре, они́ с Андре́ем негро́мко пою́т. Та́ня и Ната́ша слу́шают, смо́трят на ого́нь, на **не́бо** (Himmel). Оно́ почти́ чёрное...

Лайма споко́йно сиди́т ря́дом.

– Спать хочу́! – говори́т вдруг Вади́м.

– Я то́же, – отвеча́ют **вме́сте** (zusammen) Андре́й и Та́ня.

– Согла́сна: всем спать! – Ната́ша пе́рвой идёт в пала́тку. – Ла́йма, жди здесь. То́лько осторо́жно: вдруг **волк** (Wolf) придёт.

– Тут нет волко́в, Ната́ша. Го́род недалеко́.

– Ты права́, Та́ня. Ла́йма, споко́йной но́чи!

Ночь. Молоды́е лю́ди не спят: ря́дом нет маши́н, нет люде́й... Необы́чно. В лесу́ но́чью свои́ зву́ки: **кто́-то** (jemand oder ein Tier) пьёт у реки́, кто́-то ти́хо хо́дит... Вдруг за пала́ткой начина́ется **шум** (Geräusch, Krach).

– Слу́шайте! – **Та́не стра́шно** (Tanja hat Angst.). – Как гро́мко! Кто́-то идёт!

– Мо́жет, э́то Ла́йма? – говори́т Вади́м.

– Ла́йма? Нет! Э́то кто́-то друго́й. Но она́ не ла́ет. Почему́?

– Пойдём посмо́трим?

– Дава́й. То́лько вме́сте.

За пала́ткой никого́ нет. У реки́ стои́т Ла́йма. Её глаза́ говоря́т: «Интере́сно!»

– Мы забы́ли **таре́лку** (Teller) с ри́сом!

– Там кто́-то есть. У таре́лки. Смотри́те!

У таре́лки стои́т **ёж** (Igel) и ест рис.

– Како́й ма́ленький! И тако́й гро́мкий! – друзья́ **смею́тся** (lachen). – Хорошо́, что э́то про́сто ёжик.

Молоды́е лю́ди опя́ть иду́т в пала́тку, но не спят. Слу́шают.

– Ёж и соба́ка у реки́, в реке́ **ры́ба** (Fisch), на де́реве бе́лка. Зоопа́рк, –

говори́т вдруг Андре́й.

Tiger Giraffen

– Нет, в зоопа́рке **ти́гры**, **жира́фы**... Тут лес.

Bären

– А в лесу́ – во́лки и **медве́ди**!

– Нет, люде́й вокру́г мно́го. Каки́е медве́ди?

– Сейча́с опя́ть ти́хо. Ла́дно, дава́йте спать.

Вдруг... Вот э́то шум!

– Нет медве́дей, говори́шь?!

– Е́сли э́то медве́ди, то их там мно́го! О́чень мно́го! – повторя́ет Та́ня.

– Где Ла́йма?

– Там, слы́шишь?

Ла́йма гро́мко ла́ет у пала́тки.

– Ната́ша, ты куда́?!

– Я к Ла́йме, она́ там одна́, её съедя́т!

– Тогда́ вме́сте! Пошли́!

Kuhherde

Пе́ред пала́ткой стои́т **ста́до коро́в**. Ла́йма гро́мко ла́ет на них.

– Коро́вы! Э́то коро́вы, друзья́ мои́, – ме́дленно говори́т Андре́й. –

das schrecklichste Waldtier

Вот он. **Са́мый стра́шный лесно́й зверь**!

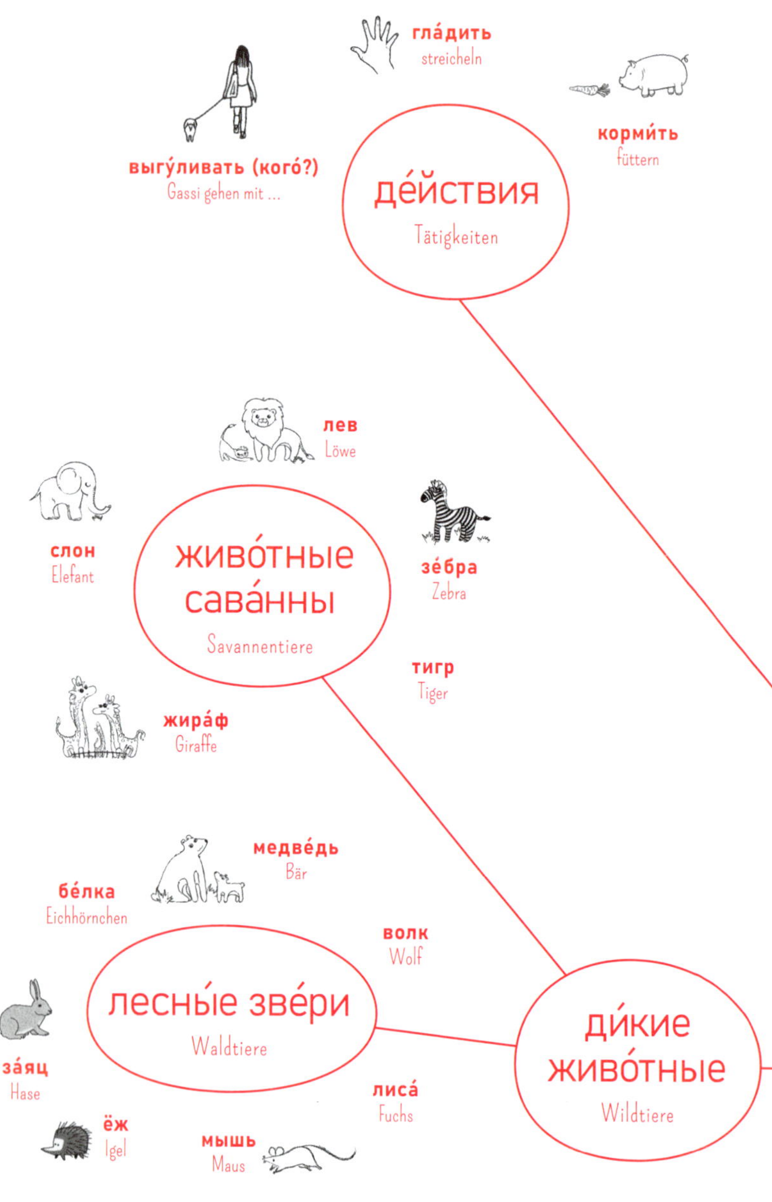
гла́дить
streicheln
кормúть
füttern
выгу́ливать (кого́?)
Gassi gehen mit ...
де́йствия
Tätigkeiten
лев
Löwe
слон
Elefant
живо́тные сава́нны
Savannentiere
зе́бра
Zebra
тигр
Tiger
жира́ф
Giraffe
медве́дь
Bär
бе́лка
Eichhörnchen
волк
Wolf
лесны́е зве́ри
Waldtiere
за́яц
Hase
лиса́
Fuchs
ди́кие живо́тные
Wildtiere
ёж
Igel
мышь
Maus

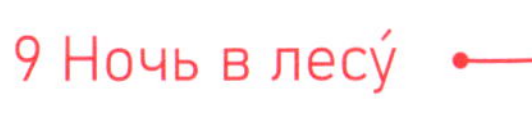

Живо́тные
Tiere

ва́жные фра́зы
wichtige Sätze

Я люблю́...
Ich mag ...

Моё люби́мое живо́тное – э́то...
Mein Lieblingstier ist ...

... мне бо́льше нра́вится, потому́ что...
... mag ich lieber, weil ...

У меня́ есть...
Ich habe ...

... мне не о́чень нра́вится, потому́ что...
... mag ich nicht so gerne, weil ...

дома́шние живо́тные
Haus- und Bauernhoftiere

кро́лик
Kaninchen

попуга́й
Papagei

овца́
Schaf

ко́шка
Katze

ры́ба
Fisch

соба́ка
Hund

гусь
Gans

коро́ва
Kuh

ло́шадь
Pferd

хомячо́к
Hamster

коза́
Ziege

свинья́
Schwein

ку́рица
Huhn

Э́то к сча́стью

А́нна Серге́евна живёт одна́. Она́ учи́тельница му́зыки, но тепе́рь уже́ давно́ **на пе́нсии** (im Ruhestand). Раз в неде́лю к ней прихо́дит Ли́за — молода́я же́нщина, кото́рая помога́ет А́нне Серге́евне по до́му.

По́сле за́втрака А́нна Серге́евна **убира́ет** (räumt) со стола́, мое́т чашку́, ло́жку, нож... **Нож па́дает** (Ein Messer fällt herunter).

— Мужчи́на придёт*, — А́нна Серге́евна смо́трит на нож. — Интере́сно, кто? Я никого́ не жду, то́лько Ли́зу. А е́сли нож па́дает, на́до ждать мужчи́ну.

Она́ убира́ет нож и идёт в большу́ю ко́мнату, берёт люби́мую кни́гу о компози́торах, сиди́т с ней в кре́сле у окна́, но не чита́ет: смо́трит на у́лицу и ждёт. Кто мо́жет прийти́? Вдруг звони́т телефо́н.

— Алло́, я слу́шаю. Алло́, — повторя́ет А́нна Серге́евна. — Влад? Ты? Как я ра́да! Здра́вствуй! У меня́ всё хорошо́, спаси́бо. Что ты говори́шь? Сего́дня в три часа́? Вот э́то пода́рок! А я зна́ла, что тебя́ на́до ждать! Отку́да? **Приме́та** (Vorzeichen)!

Влад — её учени́к. Он тепе́рь изве́стный пиани́ст, давно́ живёт в друго́м го́роде. Там он мно́го рабо́тает, у него́ конце́рты, ученики́, семья́, но свою́ учи́тельницу Влад не забыва́ет: звони́т ей, пи́шет откры́тки, **быва́ет у неё** (besucht sie), когда́ **приезжа́ет** (kommt) в **родно́й городо́к** (Heimatstadt).

«Влад придёт! Сего́дня в три», — **ра́дуется** (freut sich) А́нна Серге́евна.

В три часа́ **звоня́т в дверь** (klingelt es an der Tür), А́нна Серге́евна идёт открыва́ть, за две́рью стои́т Влад с цвета́ми.

— Влад! Здра́вствуй, мой дорого́й! Спаси́бо! **Не че́рез поро́г** (Nicht über die Schwelle), нет! Ты не пе́рвый день меня́ зна́ешь. Снача́ла на́до **войти́** (eintreten).

— Здра́вствуйте, А́нна Серге́евна! **Вы всё ещё ве́рите** (Glauben Sie immer noch), что че́рез поро́г нельзя́ ничего́ дава́ть?

— **Ни** (Weder ...) дава́ть, **ни** (noch) брать, Влад. Ни-че-го́. Ла́дно, что мы в коридо́ре стои́м? Идём, идём в ко́мнату. Дай на тебя́ посмотре́ть. Так, цветы́ в ва́зу... Мои́ люби́мые! Спаси́бо, Влад!

— Пожа́луйста, А́нна Серге́евна. Как ва́ши дела́? Как здоро́вье?

— Хорошо́, **тьфу-тьфу-тьфу**! **Постучи́ по де́реву** ((hier:) Ich kann nicht klagen! Klopf auf Holz!)! — она́ три ра́за стучи́т по столу́. — Про меня́ неинтере́сно, ты расска́зывай! Я всё хочу́ знать: что ты сейча́с игра́ешь, как здоро́вье жены́, как дела́ у сы́на? Он тако́й же тала́нтливый ма́льчик, как ты, да?

lacht

Влад **смеётся**:

— Не зна́ю, с че́го нача́ть.

— С нача́ла! А я пока́ ко́фе нам сде́лаю. Бу́дешь ко́фе?

А́нна Серге́евна берёт ло́жки, но смо́трит она́ на Вла́да, и ло́жки па́дают.

— Так ра́да, так не́рвничаю — всё из рук па́дает. Да, Ли́за придёт!

Ein Löffel fällt runter

— вспомина́ет она́. — **Ло́жка па́дает** — жди же́нщину в го́сти.

— А е́сли две? — с иро́нией спра́шивает Влад.

— Тогда́ две же́нщины приду́т. Ви́дишь? Одна́ ло́жка больша́я, друга́я ма́ленькая. Ли́за с до́чкой.

В дверь звоня́т.

— А я что говорю́? — А́нна Серге́евна идёт открыва́ть дверь.

— Ли́за с до́чкой. Здра́вствуйте, здра́вствуйте! А у меня́ гость. Познако́мьтесь, пожа́луйста. Э́то Влад, я всегда́ про него́ расска́зываю. Влад, э́то Ли́за. Она́ мне помога́ет по до́му.

— Я то́же помога́ю! — говори́т де́вочка. — Меня́ зову́т Ви́ка, мне четы́ре го́да.

— О́чень прия́тно, — отвеча́ет Влад. — Е́сли ты так лю́бишь помога́ть, то помоги́ нам: бери́ ча́шки.

geht kaputt

Влад даёт ча́шку де́вочке. Ча́шка па́дает и **разбива́ется**.

— А́нна Серге́евна, прости́те!

Das bringt Glück! beide

— **Э́то к сча́стью!** — говоря́т **о́бе** же́нщины.

— И э́то совреме́нные да́мы! — смеётся Влад. — Одна́ приме́та за друго́й.

eine Tasse oder einen Teller zerschlagen

— Влад, сме́йся ско́лько хо́чешь, но **разби́ть ча́шку и́ли таре́лку** — э́то к сча́стью.

Ви́ка внима́тельно слу́шает, пото́м вдруг берёт две ча́шки и

wirft Fußboden

броса́ет их на́ **пол**. Ча́шки разбива́ются.

schreit ... auf

— Ви́ка! Что ты де́лаешь?! — **вскри́кивает** Ли́за.

— Хочу́, что́бы бы́ло мно́го сча́стья!

* In Russland sagt man, dass bestimmte Ereignisse andere Geschehnisse ankündigen, also als Vorzeichen (приме́та) in einer ganz bestimmten Weise zu deuten sind. So glauben viele, dass ein männlicher Besucher kommt, wenn ein Messer herunterfällt, hingegen ein weiblicher Gast zu erwarten ist, wenn ein Löffel auf dem Boden landet.

па́дает нож и́ли ло́жка
ein Messer oder ein Löffel fällt herunter

разби́ть ча́шку и́ли таре́лку (посу́ду)
eine Tasse oder einen Teller (Geschirr) zerschlagen

встре́тить челове́ка с по́лным ведро́м
jemandem begegnen, der einen vollen Eimer trägt

нейтра́льные и хоро́шие приме́ты
neutrale und gute Vorzeichen

приме́ты
Vorzeichen

разби́ть зе́ркало
einen Spiegel zerschlagen

верну́ться с полпути́
auf halbem Weg umkehren

просы́пать соль
Salz verschütten

пти́ца влети́т в окно́
ein Vogel fliegt zum Fenster herein

чёрная ко́шка перейдёт доро́гу
eine schwarze Katze läuft einem über den Weg

Суеве́рие
Aberglaube

плохи́е приме́ты
schlechte Vorzeichen

Не свисти́ – де́нег не бу́дет.
Pfeif nicht – sonst hast du kein Geld.

Не сиди́ на столе́.
Sitz nicht auf dem Tisch.

ва́жные фра́зы, запре́ты

wichtige Sätze, Verbote

Не че́рез поро́г.
Nicht über die Schwelle.

Не сиди́ на углу́ стола́.
Sitz nicht an der Tischecke.

Кинь соль пра́вой руко́й че́рез ле́вое плечо́.
Wirf das Salz mit der rechten Hand über die linke Schulter.

Постучи́ по де́реву.
Klopf auf Holz.

ва́жные фра́зы, сове́ты

wichtige Sätze, Ratschäge

Наступи́, а то поссо́римся.
(wenn man jemandem auf den Fuß getreten ist:) Tritt du auch auf meinen Fuß, sonst streiten wir uns noch.

Сплюнь че́рез ле́вое плечо́.
Spuck über die linke Schulter.

Кто прино́сит пода́рки?

Сего́дня Пе́тя сча́стлив. Ему́ уже́ шесть лет, и в э́том году́ он **встреча́ет Но́вый год** (feiert Silvester) с ма́мой, па́пой и ста́ршей сестро́й Све́той. Мо́жно не спать до 12 часо́в! Мо́жно смотре́ть телеви́зор и слу́шать му́зыку! Мо́жно есть сала́т, ку́рицу и пить сок! Э́той но́чью он уви́дит, отку́да под **ёлкой** (Tannenbaum) пода́рки. Он уви́дит **Де́да Моро́за** (Väterchen Frost)! У́тром 1 января́ пода́рки всегда́ лежа́т под ёлкой. Отку́да Дед Моро́з зна́ет, кому́ что дари́ть? Де́ти пи́шут ему́ пи́сьма и рису́ют карти́нки, Пе́тя то́же – ка́ждый год. Дед Моро́з не всегда́ да́рит то, что хо́чет ма́льчик. «Дед Моро́з оди́н, а люде́й мно́го, – ду́мает Пе́тя. – Кто ему́ помога́ет? **Снегу́рочка** (Schneemädchen) – его́ вну́чка, коне́чно. Но кто ещё? **Говоря́т** (Alle sagen), у Са́нта-Кла́уса есть э́льфы-**помо́щники** (Helfer*innen), а у Де́да Моро́за одна́ Снегу́рочка».

Пе́тя ждёт. «Сего́дня но́чью! Сего́дня но́чью!..» – повторя́ет ма́льчик. Ещё день, но он до́лжен спать.

– На́до отдыха́ть днём, е́сли хо́чешь не спать но́чью, – говори́т ма́ма.

– Ма́ма, я не могу́ спать!

– Тогда́ смотри́ кни́жку, но ти́хо.

Пе́тя лежи́т и ду́мает: всё у них гото́во и́ли нет? Есть ёлка – стои́т в ко́мнате уже́ не́сколько дней. Ма́ма гото́вит сала́т, ку́рицу, торт… «Но́вый год – мой люби́мый пра́здник, – ду́мает ма́льчик. – Ещё **бо́льше** [mehr] я люблю́ то́лько **день рожде́ния** [Geburtstag]. Но на день рожде́ния нельзя́ но́чью не спать. И на **Рождество́** [Weihnachten] нельзя́, э́то ба́бушка идёт в **це́рковь** [Kirche] но́чью с 6 на 7 января́, а мне нельзя́. И на **Па́сху** [Ostern] нельзя́ не спать, и пода́рков ни на Рождество́, ни на Па́сху не **да́рят** [schenken]…»

Пе́тя спит, он открыва́ет глаза́ то́лько к у́жину. «Уже́ ночь? Ско́ро 12 часо́в?» – спра́шивает он ка́ждую мину́ту. И вот все садя́тся за стол и **провожа́ют** [verabschieden, schließen … ab] ста́рый год.

– Интере́сный год был, – говори́т Све́та. – У меня́ тепе́рь но́вая шко́ла, есть но́вые друзья́, но и ста́рые меня́ не забыва́ют.

– На рабо́те тру́дно бы́ло, – продолжа́ет па́па, – но мы с ва́ми ле́том бы́ли на мо́ре.

Möge
– **Пусть** ста́рый год всё плохо́е возьмёт с собо́й, а хоро́шее бу́дет с на́ми, — говори́т ма́ма.

ärgert sich
Пе́тя **се́рдится**: ско́лько мо́жно разгова́ривать? Хорошо́, что телеви́зор рабо́тает – ма́ма с па́пой не забу́дут про Но́вый год. На
Fernsehbildschirm läuten die Glocken
экра́не Кремль, и вот **бьют кура́нты***. Двена́дцать раз!
Frohes neues Jahr! Sekt
С Но́вым го́дом! У па́пы с ма́мой **шампа́нское**, у них с сестро́й я́блочный сок.

– Вре́мя дари́ть пода́рки, – говори́т ма́ма и открыва́ет шкаф. Там
Schachteln
лежа́т краси́вые **коро́бки**.

– Сего́дня мо́жно не ждать утра́, сын уже́ большо́й, – отвеча́ет па́па. – Открыва́ем?

– Как? А Дед Моро́з? – ти́хо говори́т Пе́тя. – Где Дед Моро́з?!

– Ты ещё ду́маешь, что Дед Моро́з есть? – Све́та смо́трит на Пе́тю.

– Есть! Есть! Без него́ нет Но́вого го́да! Е́сли э́то не он... Е́сли э́то вы... Я никогда́ не бу́ду встреча́ть Но́вый год! Никогда́! Без Деда́

Моро́за мне Но́вый год не ну́жен!

Пе́тя **пла́чет** (weint) и не хо́чет никого́ слу́шать. Он так уста́л! Ско́ро он уже́ спит. Роди́тели и сестра́ ти́хо разгова́ривают.

У́тром пода́рки под ёлкой – никто́ их не открыва́ет. Па́па берёт Пе́тю на́ руки, они́ иду́т к ёлке.

– Смотри́, каки́е краси́вые, – говори́т па́па. – Э́то тебе́, э́то ма́ме, э́то Све́те. А э́то мне... Зна́ешь, так всегда́. Снача́ла ты ду́маешь, что Дед Моро́з есть. Пото́м ду́маешь, что его́ нет. А пото́м... Пото́м ты сам мо́жешь стать Де́дом Моро́зом и дари́ть други́м лю́дям сча́стье. Я вот уже́ немно́го Дед Моро́з. А ты? Ты мо́жешь мне помо́чь. Дава́й открыва́ть пода́рки.

* Die Rede ist von der Turmuhr mit Schlagwerk am Spasski-Turm (Erlöserturm) im Moskauer Kreml. Seit den 1970er-Jahren läutet die Kreml-Glocke das neue Jahr ein: Das Glockengeläut wird am 31. Dezember um 24:00 Uhr im Fernsehen übertragen.

Рождество́
Weihnachten (7. Januar)

Креще́ние
Taufe des Herrn

религио́зные и традицио́нные пра́здники

religiöse und traditionelle Feste

Ста́рый Но́вый год
Altes Neujahr (nach dem julianischen Kalender, 13. Januar)

Па́сха
Ostern

Ма́сленица
(wörtlich:) Butterwoche (entspricht in etwa dem Karneval)

Пра́здники

Feste

С Но́вым го́дом!
Frohes neues Jahr!

С днём рожде́ния!
Alles Gute zum Geburtstag!

Жела́ю тебе́/вам...
Ich wünsche dir/Ihnen ...

ва́жные фра́зы

wichtige Sätze

Серде́чно поздравля́ю с...
Herzlichen Glückwünsch zum ...

С Рождество́м Христо́вым!
Frohe Weihnachten!

Христо́с воскре́се! – Воистину воскре́се!
(Üblicher Satz zu Ostern, wörtlich:) Christus ist auferstanden! - Er ist wirklich auferstanden!

Пусть...
Möge ...

день рожде́ния
Geburtstag

крести́ны
Taufe (eines Kindes)

семе́йные пра́здники
Familienfeste

Дед Моро́з и Снегу́рочка
Väterchen Frost und Schneemädchen

Но́вый год
Neujahr

сва́дьба
Hochzeit

9 Ма́я День Побе́ды
9. Mai Tag des Sieges

официа́льные пра́здники
offizielle Feste

1 Ма́я День весны́ и труда́
1. Mai Tag des Frühlings und der Arbeit

8 Ма́рта Междунаро́дный же́нский день
8. März Internationaler Frauentag

наряжа́ть ёлку
den Tannenbaum schmücken

дари́ть
schenken

де́йствия
Handlungen

поздравля́ть
beglückwünschen

жела́ть
wünschen

угоща́ть
bewirten, verköstigen

приглаша́ть
einladen

встреча́ть Но́вый год
Silvester feiern

Цветы́ и конфе́ты

Gib das mal weiter.
– **Переда́й да́льше**.

– Кому́?

– Само́йловой. Алёне.

wandert Zettel
По аудито́рии **путеше́ствует** **запи́ска**.

– Алёна, э́то тебе́.

klopft aufs
– Ти́хо, колле́ги, ти́хо, – преподава́тель негро́мко **стучи́т по**
Rednerpult
ка́федре. – Вопро́с о францу́зской револю́ции бу́дет на экза́мене.

В 1789-м году́...

Де́вушка чита́ет запи́ску: «Алёна, посмотри́ за окно́: тюльпа́ны!»
Keine Unterschrift
По́дписи нет.

Blätter
Тюльпа́ны? Сейча́с? У окна́ аудито́рии большо́е де́рево, **ли́стьев**
Zweig Strauß
на нём нет — зима́, но на **ве́тке** **буке́т** кра́сных тюльпа́нов.

– Алёна! Алён! Ты идёшь?

Ле́кция око́нчена, подру́га стои́т ря́дом с Алёной.

– Иду́-иду́.

– Ви́дела? **Цветы́** (Blumen) на де́реве! А, ты на них смо́тришь... Смотри́-смотри́. Краси́вые, да? А запи́ска от кого́?

– Не зна́ю я! Идём, Со́ня.

Понеде́льник, вто́рник, среда́... Литерату́ра, ле́кция по исто́рии, францу́зский язы́к... Литерату́ра — запи́ска: «Тебе́ нра́вятся стихи́ неме́цких рома́нтиков?» Ле́кция — цветы́ на том же де́реве у окна́. Францу́зский... Когда́ Алёна прихо́дит на францу́зский, на столе́ в аудито́рии лежи́т шокола́дка «Алёнка». Там, где обы́чно сиди́т де́вушка.

– L'amour, l'amour*, – **улыба́ется** (lächelt) подру́га. – Интере́сно, от кого́. Кому́ — э́то я зна́ю. Дашь **кусо́чек** (Stückchen)?

Четве́рг, пя́тница — ле́кции, семина́ры. Суббо́та — библиоте́ка, воскресе́нье — до́ма, с роди́телями. Понеде́льник, вто́рник... Алёна ждёт. Чего́? Она́ сама́ не зна́ет. Во вто́рник на англи́йской литерату́ре по аудито́рии **сно́ва** (wieder) путеше́ствует запи́ска. Де́вушка ти́хо **развора́чивает** (faltet ... auseinander) запи́ску.

«Приве́т! Ты так внима́тельно слу́шаешь! А я не могу́: смотрю́ на тебя́». Алёна **огля́дывается** (schaut sich um): коне́чно, она́ всех зна́ет, уже́

zusammen
три гóда **вмéсте** ýчатся. Но кто э́то пи́шет? По дорóге домóй онá
покáзывает запи́ски Сóне. Сóня — её лýчшая подрýга. Ей всё
мóжно рассказáть.

Сóня слýшает, читáет запи́ски, потóм спрáшивает:

Liebeserklärung
– Так те цветы́ бы́ли для тебя́?! Интерéсное **объяснéние в любви́**.
auf dich zugehen
А он не мóжет прóсто **подойти́** и сказáть «привéт»?

– Не знáю. Но он мне нрáвится.

– Ты не знáешь, кто э́то! Слýшай, вдруг э́то Сергéй? Из 2-й грýппы?
Он интерéсный. Такóй высóкий, блонди́н, глазá сéрые... Спорти́вный,
klettern
на дéрево мóжет **залéзть**. Тебé нрáвятся блонди́ны? И́ли нет. Э́то...
Э́то Сáша. Сáша Пáвлов! Я давнó ви́жу, как он на тебя́ смóтрит. Не
óчень краси́вый, но ýмный! И такóй весёлый. И́ли...

Streber
– Сóня, а вдруг Игнáт? В очкáх, мáленький такóй. **Ботáник**...

er ist mit ... zusammen. (Liebes-)Affäre
– Нет, **он с** Нáдей **встречáется**. У них давнó **ромáн**.

(hier:) einerseits ... andererseits
– **И** хочý, **и** не хочý узнáть, кто э́то. Лáдно, éсли э́то серьёзно, а не
игрá, он подойдёт.

В четвéрг Алёна сиди́т в библиотéке до вéчера. Тóлько оди́н
zurückkommt
раз дéлает переры́в на кóфе, а когдá **возвращáется**, ви́дит на

Darf ich dich morgen nach Hause begleiten?
кни́гах но́вую запи́ску: «**Мо́жно я за́втра провожу́ тебя́ домо́й?**»

nickt
Алёна чита́ет и **кива́ет**. А пото́м бы́стро огля́дывается. Студе́нтов в за́ле мно́го, все́ чита́ют, пи́шут... Она́ кива́ет ещё раз и продолжа́ет рабо́ту. Ско́ро к ней на стол **прилета́ет бума́жный самолётик** (landet ein Papierflieger): «Спаси́бо! За́втра по́сле ле́кции у 11-й аудито́рии».

На сле́дующий день Алёна ме́дленно идёт к 11-й аудито́рии. Кто её ждёт? А е́сли э́то игра́? У двере́й мно́го студе́нтов и студе́нток. Пото́м она́ ви́дит тюльпа́ны. Снача́ла Алёна смо́трит то́лько на цветы́, а пото́м на молодо́го челове́ка. Коне́чно, она́ его́ зна́ет! **Но сейча́с ви́дит как бу́дто в пе́рвый раз** (Aber jetzt ist es so, als ob sie ihn das erste Mal sähe.), и вдруг **ей стано́вится** (wird ihr) легко́-легко́.

Он улыба́ется:

– Приве́т, Алёна! Дава́й знако́миться?

*Wenn es um Liebe geht, verwenden Russen gerne mal das französische Wort *l'amour*, selbst wenn sie kein Französisch sprechen. In Russland gilt Französisch als „Sprache der Liebe", außerdem nimmt man *l'amour* als Klangwort wahr: Das sanfte Schnurren einer Katze ist im Russischen мурлы́канье.

удовóльствие
Spaß

объяснéние в любви́
Liebeserklärung

любóвное письмó, запи́ска
Liebesbrief, Zettel

флирт
Flirt

свидáние
Verabredung

цветы́
Blumen

ромáн
(Liebes-)Affäre

знáки внимáния
Zeichen der Aufmerksamkeit

конфéты
Pralinen

помо́лвка, обруче́ние
Verlobung

кольцо́
Ring

обеща́ние
Zusage, Versprechung

па́ра
Liebespaar

брак
Ehe

гражда́нский брак
standesamtlich geschlossene Ehe

муж
Mann

семья́
Familie

жена́
Frau

неве́ста
die Verlobte, Braut

жени́х
der Verlobte, Bräutigam

сва́дьба
Hochzeit

венча́ние
Trauung

молоды́е, молодожёны
Brautpaar, Hochzeitspaar

ва́жные фра́зы
wichtige Sätze

Мо́жно с ва́ми познако́миться?
Ich würde Sie gerne kennenlernen.

сде́лать предложе́ние
einen Heiratsantrag machen

Мы с ним/с ней встреча́емся.
Ich bin mit ihm/ihr zusammen

Я жена́т. / Я за́мужем.
Ich bin verheiratet.

Э́то моя́ де́вушка.
Das ist meine Freundin.

Э́то мой молодо́й челове́к/ па́рень (umgangssprachlich)
Das ist mein Freund.

Сто́лик у окна́

— Катю́ша, приве́т!

— Приве́т, дорога́я! Как я ра́да тебя́ ви́деть! Ты отку́да и куда́?

— С рабо́ты.

Hast du es eilig?

— **Спеши́шь**?

— Нет, до́чка с ба́бушкой в Испа́нии, отдыха́ют. До́ма никто́ не ждёт.

Wollen wir ein bisschen quatschen? Wollen wir in ein Café gehen?

— Отли́чно! **Поболта́ем**? **Зайдём в кафе́**?

ich habe Hunger. Restaurant

— С удово́льствием! Но **я голо́дная**. Дава́й в **рестора́н**? Я зна́ю недорого́й и хоро́ший тут недалеко́.

sind ... befreundet

Ка́тя и А́ся — подру́ги, **дру́жат** уже́ лет три́дцать, ещё со шко́лы. Тепе́рь одна́ перево́дчица, а друга́я рабо́тает в ба́нке. У Ка́ти муж и дво́е дете́й, А́ся одна́ **воспи́тывает** (erzieht) дочь. Подру́ги лю́бят вме́сте ходи́ть в теа́тр, на конце́рты и́ли в кафе́. В э́том рестора́нчике Ка́тя ещё не была́.

Bitte treten Sie ein. zu zweit

— До́брый ве́чер! **Проходи́те, пожа́луйста**. Вы **вдвоём**?

— Здра́вствуйте! Да. У вас есть свобо́дный сто́лик?

Haben Sie nicht vorher reserviert?

— **Вы зара́нее не резерви́ровали**?

— Нет.

— Одну́ секу́ндочку... Да, есть сто́лик у окна́.

А́ся и Ка́тя лю́бят сиде́ть у окна́. И у окна́ они́ всегда́ вспомина́ют де́тскую игру́: «Я ви́жу то, чего́ не ви́дишь ты». Э́то ещё их шко́льная тради́ция.

Speise- und Getränkekarte — Möchten Sie bestellen

— Вот, пожа́луйста, **меню́ и ка́рта напи́тков**. **Вы гото́вы сде́лать зака́з** сейча́с?

— Нет, мы поду́маем.

Was möchten Sie trinken?

— Коне́чно. **Что бу́дете пить?**

— Мне, пожа́луйста, лимона́д. Ка́тя, ты что бу́дешь?

Zitrone

— Чёрный чай с лимо́ном, пожа́луйста.

Kellner

— Лимона́д. Чёрный чай с лимо́ном, — повторя́ет **официа́нт**. — Сейча́с.

Ка́тя чита́ет меню́.

— А́ся, ты уже́ зна́ешь, что взять? Ты тут была́...

Salate

— У них отли́чная лаза́нья. Да, ты не ешь мя́со... **Сала́ты** мне нра́вятся: «Це́зарь», гре́ческий. Я возьму́ лаза́нью и сала́т.

etwas Süßes

— Зна́ешь, я не голодна́. Возьму́ **что́-нибудь сла́дкое** и ещё ча́шку ча́я.

wundervoll

— Десе́рты у них **прекра́сные**! Возьми́ «Наполео́н». Он тут без яи́ц

nicht so fett

и **нежи́рный**, почти́ вегетариа́нский... А вот и официа́нт.

Пока́ подру́ги ждут зака́з, А́ся расска́зывает о до́чке, а Ка́тя о

sie übersetzt

свои́х де́тях и о кни́жке, кото́рую **перево́дит**.

— До́лго, — вдруг говори́т А́ся. — Ла́дно, лаза́нью на́до гото́вить, но то́ртик, то́ртик твой где?

— Сейча́с бу́дет... Дава́й пока́: я ви́жу то, чего́ не ви́дишь ты. На бу́кву «д».

— Дом? Доро́га? Дверь?.. Де́вушка спра́ва от нас?... Нет? Не зна́ю!

— Дождь. Смотри́, дождь пошёл. Си́льный. О, молодо́й челове́к

überquert die Straße

бежи́т че́рез у́лицу! Без зонта́... А́ся, э́то наш официа́нт!

— Где?

— На у́лице. Под дождём. Куда́ э́то он?

— Там магази́н че́рез у́лицу. Конди́терская.

zurück Schachtel

— Бежи́т **обра́тно**. **С коро́бкой**... Ничего́ не понима́ю. Слу́шай, э́то торт у него́. В коро́бке. Он за мои́м то́ртом в магази́н пошёл?!

Че́рез не́сколько мину́т подру́гам прино́сят зака́з.

— Лаза́нья и сала́т для вас. «Наполео́н» и чай для вас...

Guten Appetit!
Прия́тного аппети́та!

ärgert sich
— Прия́тного? — **се́рдится** Ка́тя. — Э́то торт из магази́на gegenüber **напро́тив**! Вы должны́ бы́ли сказа́ть: «Наполео́на» нет, возьми́те что́-нибудь друго́е.

— Почему́ вы ду́маете, что э́то торт из магази́на?

— А почему́ вы ду́маете, что мы сиди́м у окна́ и ничего́ не ви́дим? Ду́маете, мо́жно бы́стро-бы́стро купи́ть торт в магази́не и servieren **пода́ть** его́ в рестора́не?

— Коне́чно, нельзя́! Но э́то друго́й торт. От на́шего шеф-конди́тера. А у мое́й жены́ сего́дня день рожде́ния. Вы зака́зываете «Наполео́н», и я понима́ю, что забы́л домо́й торт купи́ть. У нас «Наполео́н» нежи́рный и без яиц, а жена́ лю́бит класси́ческий, с Buttercreme **ма́сляным кре́мом**. Ду́маю: пока́ вам гото́вят лаза́нью, я бы́стро-бы́стро — туда́ и обра́тно. Мне жаль, что das so rübergekommen ist **так вы́шло**.

— Извини́те и вы нас, — отвеча́ет А́ся. — А ва́шу жену́ — с днём рожде́ния!

заказа́ть
bestellen

вы́брать
wählen, aussuchen

оста́вить чаевы́е
Trinkgeld geben

позва́ть официа́нта/ официа́нтку
den Kellner / die Kellnerin rufen

де́йствия
Handlungen

резерви́ровать (сто́лик)
(einen Tisch) reservieren

принести́ меню́ / ка́рту напи́тков
die Speise-/Getränkekarte bringen

оплати́ть счёт
die Rechnung bezahlen

попроси́ть счёт
die Rechnung verlangen

бар
Bar

кафе́
Café

кофе́йня
Kaffeehaus

Еди́м не то́лько в рестора́не
Wir essen nicht nur im Restaurant

буфе́т
Buffet

столо́вая
Kantine

Еди́м в рестора́не
Wir essen im Restaurant

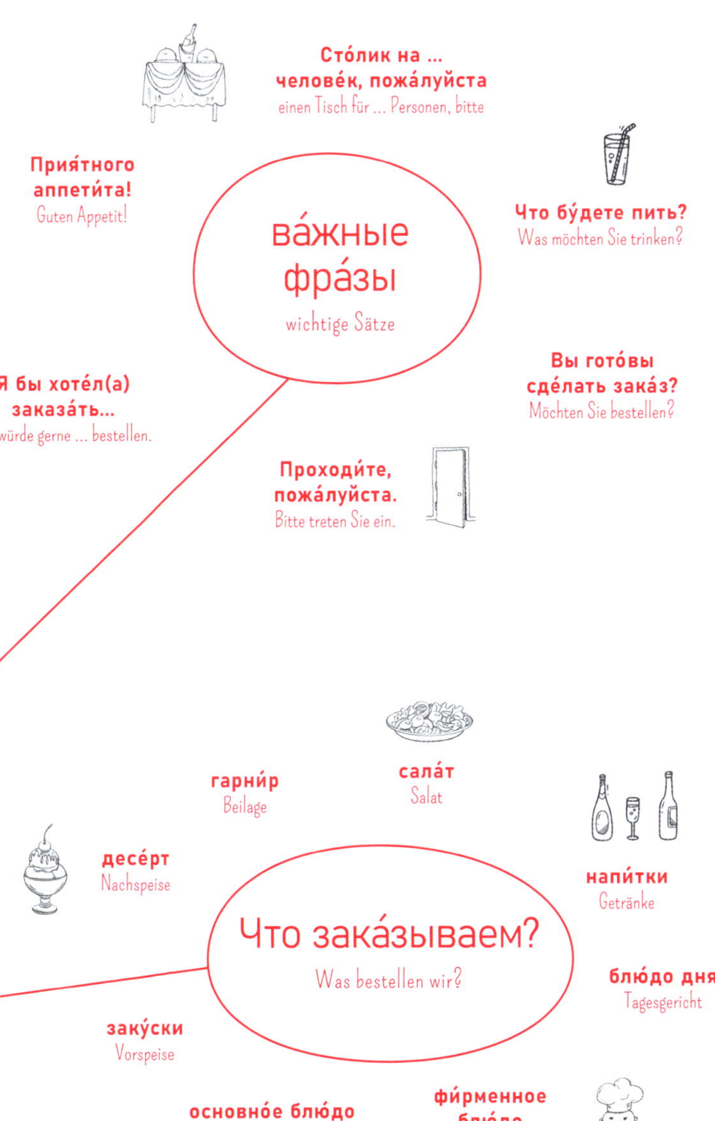

ва́жные фра́зы
wichtige Sätze

Сто́лик на … челове́к, пожа́луйста
einen Tisch für … Personen, bitte

Прия́тного аппети́та!
Guten Appetit!

Что бу́дете пить?
Was möchten Sie trinken?

Я бы хоте́л(а) заказа́ть...
Ich würde gerne … bestellen.

Вы гото́вы сде́лать зака́з?
Möchten Sie bestellen?

Проходи́те, пожа́луйста.
Bitte treten Sie ein.

Что зака́зываем?
Was bestellen wir?

гарни́р
Beilage

сала́т
Salat

десе́рт
Nachspeise

напи́тки
Getränke

блю́до дня
Tagesgericht

заку́ски
Vorspeise

основно́е блю́до
Hauptgericht

фи́рменное блю́до
Spezialität des Hauses

Десе́рт или диссерта́ция?

verärgert Klassen
— Так нельзя́, Оле́г! — оте́ц **серди́то** смо́трит на сы́на. — 9 **кла́ссов**, а
пото́м что? Кем ты бу́дешь? Ты до́лжен учи́ться да́льше!

Pflicht-
— До́лжен? — ти́хо спра́шивает сын. — 9 лет — **обяза́тельная**
programm wählen
програ́мма, я зна́ю. Для всех. А да́льше мо́жно **выбира́ть** и я хочу́
Hochschule
выбира́ть. Э́то ра́ньше без **ву́за** нельзя́ бы́ло ничего́ интере́сного
сде́лать, а тепе́рь – пожа́луйста.

was man werden will seufzt
— Оле́жка, как в 15 лет мо́жно знать, **кем быть**? — ма́ма **вздыха́ет**.

— 10-11-й класс — э́то вре́мя, что́бы ещё поду́мать.

— А я ду́мал, э́то вре́мя, что́бы учи́ться. И я уже́ сейча́с зна́ю:
хочу́ быть конди́тером. Для э́того не на́до ещё два го́да в шко́ле
Zeugnis
остава́ться, то́лько **аттеста́т** ну́жен, что 9 кла́ссов око́нчил.

— За твою́ учёбу я плати́ть не бу́ду, — говори́т оте́ц.

ein kostenfreies Studium anfangen
— И не на́до! Я **на бюдже́тное отделе́ние*** бу́ду **поступа́ть**. В
Noten Berufskollegs
шко́ле у меня́ хоро́шие **отме́тки**. С ни́ми **ко́лледжи** на бюдже́т
Die Staatliche Basisprüfung bestehe ich.
беру́т. **ОГЭ́ сдам**.

auf dein Zimmer
— Ты снача́ла сдай, а пото́м посмо́трим. Иди́ **к себе́**, ещё поговори́м.

Оле́г идёт к себе́ в ко́мнату, открыва́ет ноутбу́к. В ме́ссенджере
Nachricht
сообще́ние от На́сти: «Приве́т! Как дела́?» С На́стей они́ до 7-го
zusammen — Moskauer Uni
кла́сса учи́лись **вме́сте**, пото́м она́ ушла́ в шко́лу при **МГУ**. Она́
hat ... beschlossen — sich an der Uni einschreiben
давно́ **реши́ла**, что бу́дет **в университе́т поступа́ть**.

macht Druck
Оле́г. Приве́т! Норма́льно. То́лько оте́ц **прессу́ет**. Хо́чет, что́бы
я в 10-й пошёл. А ты как?

Staatl. Abschlussprüfung
На́стя. Хорошо́. Е́сли про шко́лу, то 10–11-й, **ЕГЭ́** и на
Fakultät
психологи́ческий **факульте́т** бу́ду поступа́ть.

Оле́г. Сама́ хо́чешь и́ли ма́ма с па́пой?

На́стя. Сама́.

Оле́г. А заче́м?

На́стя. Интере́сно. Ты Гиппенре́йтер** чита́л? Кла́ссная!.. Мы
с тобо́й не родили́сь, она́ уже́ профе́ссором МГУ была́. На
ютью́бе посмотри́, там мно́го ви́део с ней.

Оле́г. Не хочу́ ви́део. Ты скажи́: ну́жен тебе́ ЕГЭ́?

Wettbewerb gute Noten
На́стя. О́чень! **Ко́нкурс** большо́й, без высо́кого ба́лла ша́нсов нет.

Оле́г. У МГУ свои́ экза́мены, нет?

Noten
На́стя. Да. Но **ба́ллы** то́же смо́трят.

Bachelor Master
Оле́г. Бу́дешь у нас **бакала́вр**... И́ли **маги́стр**! А я ОГЭ́ напишу́
erfinden
в конце́ э́того го́да и до свида́ния! Бу́ду **приду́мывать** то́рты и
wirst ... hören
десе́рты. Ты ещё **услы́шишь** про десе́рт от Оле́га!

На́стя. В како́й ко́лледж или те́хникум идёшь?

Оле́г. Ещё не зна́ю. Посмотрю́, где бюдже́т есть.

На́стя. Есть ву́зы, где у́чат на конди́теров.

Оле́г. Туда́ на́до ЕГЭ́ сдава́ть. Не хочу́.

Eines Tages werde ... bestellen Hochzeitstorte
На́стя. **Когда́-нибу́дь** я **закажу́** у тебя́ **сва́дебный торт**.

Оле́г. Хорошо́!

Einladung zur Hochzeit
Прошло́ мно́го лет. И вдруг Оле́г получа́ет **приглаше́ние на
сва́дьбу**. Краси́вое, официа́льное, а в конце́ — постскри́птум:
während besser
«Нет, я не психо́лог. Но **пока́** учи́лась, **лу́чше** поняла́ себя́. Тепе́рь
heirate ich
рабо́таю ме́неджером по персона́лу. В конце́ ию́ня **выхожу́ за́муж**.
wirst ... backen
Ты **испечёшь** мне сва́дебный торт?»

Торт? Торт для Нáсти! «Спасибо за приглашéние, — пи́шет Олéг в ответ. — С удовóльствием придý. А знáешь, я всё-таки сдавáл
4 Jahre nach der Schule
э́тот ЕГЭ́. **Чéрез 4 гóда пóсле шкóлы**. Три с полови́ной гóда учи́лся в кóлледже, дýмал, что мечтáю стать áвтором десéрта, а оказáлось, что хи́мия процéсса интересýет меня́ бóльше. Поступи́л в Менделéевский университéт на хи́мико-технологи́ческий факультéт, так что это я у нас и бакалáвр, и маги́стр... Тепéрь ещё
Doktorand kannst du das glauben? schwärmt immer noch von
и **аспирáнт**, **вéришь**? Отéц рад, а мáма **вздыхáет**
meinen Süßigkeiten
по моим слáдостям. Пишý диссертáцию по хи́мии... Но торт я тебé испекý».

* Es gibt für Bewerber zwei Optionen: Entweder man studiert auf Kosten des Staates (бюджéтное отделéние) oder aber auf eigene Kosten (плáтное отделéние). Um einen staatlich geförderten Studienplatz zu bekommen, muss der zukünftige Student in seinen Abschlussprüfungen hohe Punktzahlen (= gute Noten) erreichen.

** Julia Gippenreiter ist eine russische Psychologin und Autorin zahlreicher psychologischer Publikationen, Erziehungsratgeber und anderer populärer Bücher für Eltern.

ко́лледж
Berufskolleg

институ́т
Institut

стипе́ндия
Stipendium

те́хникум
Berufsfachschule

ссуз (сре́днее специа́льное учёбное заведе́ние)

berufliche Schule

сдава́ть/сдать экза́мен
eine Prüfung ablegen/bestehe

быть (кем?)
(vom Beruf:) ... werden

класс
Klasse

шко́льник/ шко́льница
Schüler*in

ОГЭ́ (основно́й Госуда́рственный экза́мен)
Staatliche Basisprüfung (entspricht in etwa dem Hauptschulabschluss bzw. der Mittleren Reife)

нача́льная шко́ла (1–4 кла́ссы)
Grundschule

шко́ла

Schule

сре́дняя шко́ла
Sekundarschule

аттеста́т
Zeugnis

основна́я шко́ла (5–9 кла́ссы)
Unter- und Mittelstufe

ЕГЭ́ (еди́ный Госуда́рственный экза́мен)
Einheitliche Staatliche Abschlussprüfung (entspricht in etwa der Allgemeinen Hochschulreife)

отме́тки, ба́ллы
Noten, Zensuren

ста́ршие кла́ссы (10–11 кла́ссы)
Oberstufe

14 Десе́рт или диссерта́ция?

Жёлтый, кра́сный, голубо́й — выбира́й себе́ любо́й

Das sind zwei Zeilen eines bekannten Abzählreims, der unter anderem gern in der Werbung verwendet wird

Jacke Turnschuhe
— **Ку́ртку**! **Кроссо́вки**! Че́рез по́лчаса ты до́лжен быть уже́ в

Fertig
де́тском саду́. **Гото́в**? Нет? Почему́ так ме́дленно?

Das ist unbequem.
— **Мне неудо́бно**.

— Где тебе́ неудо́бно?

Sie sind mir zu klein.
— В кроссо́вках. Они́ ма́ленькие! **Они́ мне малы́**.

haben sie noch genau gepasst
— Вчера́ **бы́ли как раз**, а сего́дня малы́? Покажи́.

wackelt mit den Zehen
Бо́ря **шевели́т па́льцами на нога́х**.

— Малы́! Как я ра́ньше не уви́дела? Тогда́ сего́дня иди́ в други́х, а по доро́ге из са́да возьмём тебе́ кроссо́вки.

— Я не хочу́ в магази́н, э́то всегда́ до́лго.

Zieh dir die Schuhe an
— Мы бы́стро! **Обува́йся**, пожа́луйста. А тепе́рь идём.

В магази́ны Бо́ря не лю́бит ходи́ть. Ему́ нра́вится то́лько в «Де́тском ми́ре», но туда́ не лю́бит ходи́ть ма́ма. Сего́дня они́

Einkaufszentrum
пришли́ за кроссо́вками в **торго́вый центр** недалеко́ от до́ма.

— Дава́й выбира́ть. Тебе́ вот э́ти нра́вятся?

— Нет. Не хочу́ с динозаврами. Я хочу́ с Бэ́тменом.

teuer / Probier die mal an.

— С Бэ́тменом **дороги́е**. А вот э́ти? **Поме́рь.** Удо́бно?

— Нет.

— Э́то 28-й разме́р... Малы́? Поме́рь 29-й, пожа́луйста. Удо́бно?

— Нет.

— Дава́й другу́ю моде́ль попро́буем. Каку́ю ты хо́чешь?

— Вот э́ти, зелёные. И́ли с Бэ́тменом.

Zieh die mal an.

— Тогда́ зелёные. 29-й... Есть, вот он. **Надева́й.** Удо́бно?

— Удо́бно.

— Нет, так не ме́рят. Встань, походи́. Хорошо́?

— Нет.

— Больши́е? 28-го нет... Жди здесь, я спрошу́.

Verkäufer / stellt ... hin

Продаве́ц расставля́ет но́вые моде́ли.

Können Sie mir sagen

— До́брый день! **Не подска́жете**, есть така́я моде́ль 28-го разме́ра?

Ich schaue sofort im Lager nach.

— Здра́вствуйте. **Сейча́с прове́рю на скла́де**... К сожале́нию, нет.

— Жа́лко. Спаси́бо!

Kann ich sonst noch etwas für Sie tun?
— **Ещё чем-то могу́ помо́чь**?

— Нет, спаси́бо. Мы ещё са́ми посмо́трим...

Но Бо́ря не хо́чет смотре́ть. не хо́чет ме́рить. Он хо́чет домо́й.

(hier:) da ... nun schon einmal
— Сейча́с пойдём, мой хоро́ший. Слу́шай, **раз** мы уже́ тут, я себе́

Schal
бы́стро **ша́рфик** посмотрю́ в магази́не ря́дом.

Schlafwandler
Ма́льчик идёт за ма́мой как **сомна́мбула** . Ша́рфиков в магази́не мно́го. «Жёлтый, кра́сный, голубо́й, выбира́й себе́ любо́й...» Но ма́ме не ну́жен любо́й, ма́ме ну́жен тот, кото́рый

zur Bluse passt
подхо́дит к блу́зке.

— А у вас нет тако́го же, но си́него? А си́ний мо́жно

in der Waschmaschine waschen
стира́ть в маши́не? Нельзя́? Тогда́

zeigen Sie mir bitte
покажи́те мне, пожа́луйста, тот жёлтый с чёрным. Си́ний бо́льше подхо́дит к блу́зке, да... А е́сли взять но́вую блу́зку? Бо́ря, как ты ду́маешь? Скажи́, краси́вая?

— Краси́вая. Пойдём домо́й?

Wo sind hier die Umkleidekabinen?
— Сейча́с поме́рю и домо́й. **Где у вас приме́рочные?** Бо́ренька,

Kinder(spiel)ecke
тут **де́тский уголо́к** есть. Сиди́, рису́й, я сейча́с.

verschwindet
Ма́ма берёт блу́зку и **исчеза́ет** в приме́рочной каби́не. Ско́ро

zu bringen · in einer Größe kleiner
она́ про́сит про́давца **принести́** блу́зку **на разме́р ме́ньше**. Бо́ря

рису́ет челове́ка, дом и доро́гу. Челове́к идёт домо́й.

— Всё! На ка́ссу и пойдём с тобо́й. Хоте́ла тебе́ ещё но́вую

Hemd
руба́шку посмотре́ть, но ты уста́л, мой хоро́ший. В друго́й раз.

bringt
На сле́дующий день Бо́рю в сад **ведёт** па́па.

Zieh dich an · Stiefeln
— Дава́й, сын, **одева́йся**. А почему́ ты в тёплых **боти́нках**?

— Мне кроссо́вки малы́.

— А вы вчера́ бы́ли с ма́мой в магази́не, жа́лко, что не купи́ли...

Сего́дня зайдём с тобо́й в обувно́й, возьмём.

— Ещё раз? Не хочу́!

— Мы бы́стро.

Обувно́й магази́н есть ря́дом с са́дом.

— Смотри́, Бори́с, каки́е нра́вятся?

— Вот э́ти. С Су́пер-Ма́рио!

— Тебе́ како́й разме́р ну́жен? Покажи́ но́гу. 29-й... Вот, есть. Берём?

tauschen wir sie um
Идём на ка́ссу. До́ма поме́ришь, е́сли не подойду́т, **поменя́ем**.

verzaubert
Бо́ря стои́т как **зачаро́ванный**:

— А что, так мо́жно?

руба́шка
Hemd

ша́пка
Mütze

дорого́й/ дешёвый
teuer/billig

костю́м
Anzug

шля́па
Hut

оде́жда, о́бувь, аксессуа́ры

Kleidung, Schuhe, Accessoires

ку́ртка
Jacke

блу́зка, блу́за
Bluse

пла́тье
Kleid

шарф
Schal

кроссо́вки
Turnschuhe

ту́фли
Schuhe

подхо́дить к...
passen zu ...

боти́нки
Stiefel

Я прове́рю на скла́де.
Ich schaue im Lager nach.

Ещё чем-то могу́ помо́чь?
Kann ich sonst noch etwas für Sie tun?

Обща́емся с продавцо́м: слу́шаем

Das hört man im Verkaufsgespräch.

Како́й разме́р вам ну́жен?
Welche Größe brauchen Sie?

Обраща́йтесь.
Sie können sich gern an uns wenden.

Поме́рьте, пожа́луйста.
Probieren Sie den/die/das bitte mal an.

Попро́буем другу́ю моде́ль?
Möchten Sie ein anderes Modell anprobieren? / Soll ich Ihnen ein anderes Modell bringen?

Покажи́те мне, пожа́луйста...
Zeigen Sie mir bitte ...

Мне (не)удо́бно.
Das ist (un)bequem.

на разме́р ме́ньше/бо́льше
(in) eine(r) Größe/Nummer kleiner/größer

Обща́емся с продавцо́м: говори́м.

Das sagt man im Verkaufsgespräch.

Мо́жно поменя́ть?
Kann man das umtauschen?

Э́ти ту́фли мне как раз/велики́/малы́.
Diese Schuhe passen mir genau/sind mir zu groß/zu klein.

Извини́те, не подска́жете...?
Entschuldigen Sie, können Sie mir sagen ...?

Где у вас приме́рочные?
Wo sind hier die Umkleidekabinen?

Поку́пки, оде́жда

Einkäufe, Kleidung

магази́н оде́жды
Kleidungsgeschäft

торго́вый центр

Einkaufszentrum

обувно́й магази́н
Schuhgeschäft

продаве́ц/продавщи́ца
Verkäufer*in

А у тебя́ есть бра́т?

– Ещё оди́н та́нец?

– Нет, извини́. Мой авто́бус в 22:00.

– Тебе́ далеко́ до до́ма?

– Два с полови́ной часа́.

– Так до́лго?!

– Э́то на самолёте. А на по́езде су́тки.

– Не по́нял?

lacht

Де́вушка **смеётся**:

– До до́ма. Я из Кандала́кши, зна́ешь тако́й го́род? На Бе́лом мо́ре.

А в Москве́ я учу́сь.

Wohnheim

– Ага́, и живёшь в **общежи́тии**?

– Нет, у тёти с дя́дей.

Kann ich dich nach Hause begleiten?

– Тепе́рь по́нял. **Мо́жно я тебя́ провожу́?**

– Мо́жно. Спаси́бо.

На у́лице ти́хо. И́ли э́то в клу́бе бы́ло о́чень гро́мко?

– Интере́сно... Мне в клу́бе нра́вится, – говори́т Ни́на, – но обы́чно я люблю́, когда́ ти́хо. Тогда́ и в го́роде **слы́шишь** (hörst du), как **пти́цы** (Vögel) пою́т, **дере́вья** (Bäume) **шумя́т** (rauschen)... Вот э́то како́е де́рево, зна́ешь?

– **Дуб** (Eiche)?

– Нет, ду́бу тут ме́ста ма́ло. Это **то́поль** (Pappel).

– Я из всех дере́вьев то́лько **берёзу** (Birke) зна́ю. И **клён** (Ahorn).

– Их в Москве́ то́же мно́го... Есть тако́й прое́кт «Миллио́н дере́вьев». Жи́тели го́рода **выбира́ют** (wählen), каки́е дере́вья и **кусты́** (Sträucher) нужны́, весно́й и осе́нью **городски́е слу́жбы** (die städtischen Dienste) их **сажа́ют** (pflanzen)... Москва́ – зелёный го́род. Для **мегапо́лиса** (Großstadt)... О, авто́бус идёт. Ты со мной?

– Коне́чно. До до́ма провожу́, хорошо́?

– До до́ма **не полу́чится** (wird es nicht klappen), – **вздыха́ет** (seufzt) Ни́на. – 1700 км.

– **Скуча́ешь?** (Hast du Heimweh?)

– О́чень. Но у меня́ тут есть мла́дший брат!

– Он то́же учи́ться прие́хал?

– Нет. **Я вас познако́млю** (Ich mache euch miteinander bekannt.). Встре́тимся в сле́дующую суббо́ту? Вот мой телефо́н.

В суббо́ту ра́но у́тром молоды́е лю́ди уже́ в по́езде.

– Куда́ мы е́дем? – спра́шивает Ю́рий.

– К бра́ту в го́сти.

– Так ра́но?

– А он небли́зко живёт. Нам два с полови́ной часа́...

– Э́то е́сли на самолёте, я по́мню.

– Нет, два часа́ на по́езде, пото́м 30 мину́т на авто́бусе.

– Интере́сно-интере́сно. Далёко живёт брат...

– Он не мо́жет жить в го́роде.

– Почему́?

– Пото́м скажу́.

– А где он у́чится? И́ли рабо́тает?

Naturbiosphärenreservat

– В **запове́днике**. Прио́кско-Терра́сном*. Ты там был?

– Нет. А туда́ мо́жно?

Berechtigungsschein

– У меня́ **про́пуск** на двои́х. Но в э́тот запове́дник и по биле́там мо́жно с экску́рсией. Он оди́н из са́мых ма́леньких в Росси́и, . У нас в Кандала́кше запове́дник в 10 раз бо́льше, но основна́я террито́рия - мо́ре Я мечта́ю там рабо́тать.

– Поэ́тому у́чишься в Москве́?

Institut für Kinematographie Kamerafrau
– Да. Но я хоте́ла во **ВГИК** поступа́ть, на **кинооперáтора**: фи́льмы о приро́де снима́ть. Тётя говори́т: «Тебе́ приро́да интере́сна или кино́? Приро́да? Тогда́ тебе́ биологи́ческий факульте́т ну́жен, а не ВГИК». Она́ права́. Тепе́рь зака́нчиваю биофа́к, бу́ду диссерта́цию
Wisente
писа́ть. О **зу́брах**. Прие́хали, Ю́ра. Идём. Тут мно́го ра́зных
Tiere Vögel Pflanzen
живо́тных, **птиц**, **расте́ний**... Зу́бры – си́мвол запове́дника

– Ни́на, а твой брат где?

– Мы к нему́ идём. Вот. Познако́мься, пожа́луйста! Э́то Мура́н.

Gehege
Молоды́е лю́ди стоя́т пе́ред **волье́ром** с зу́брами: «Мура́н. 2
um ... kümmert sich
го́да, – чита́ет Ю́рий. – Э́того зу́бра **опека́ет** Ни́на Комаро́ва».**

– Приве́т, Мура́н! – говори́т Ни́на. – Ю́ра, а у тебя́ есть брат?

* Das Naturbiosphärenreservat Prioksko-Terrasny ist ein Naturschutzgebiet am linken Ufer des Flusses Oka im Bezirk Serpukhov (Moskauer Gebiet).

** Im Naturbiosphärenreservat Prioksko-Terrasny gibt es ein Programm namens „Adoptiere einen Wisent" - «Усынови́ зу́бра».

фа́уна, живо́тные

Fauna, Tiere

зверь
Tier

волк
Wolf

лиса́
Fuchs

за́яц
Hase

лось
Elch

зубр
Wisent

медве́дь
Bär

пти́ца
Vogel

воро́на
Krähe

воробе́й
Spatz

у́тка
Ente

со́кол
Falke

сова́
Eule

приро́дный ландша́фт

Landschaft

о́зеро
See

река́
Fluss

мо́ре
Meer

лес
Wald

тайга́
Taiga

степь
Steppe

го́ры
Gebirge

ту́ндра
Tundra

клéвер
Klee

одува́нчик
Löwenzahn, Pusteblume

ромáшка
Kamille

ивáн-чай
Weidenröschen

цветóк
Blume

дéрево
Baum

флóра, растéния

Flora, Pflanzen

берёза
Birke

дуб
Eiche

клён
Ahorn

тóполь
Pappel

ель, ёлка
Tanne

соснá
Kiefer

куст
Strauch

травá
Gras, Kräuter

сирéнь
Flieder

шипóвник
Heckenrose

бузинá
Holunder

подорóжник
Wegerich

крапи́ва
Brennessel

Окружáющая средá

Umwelt

17 Сле́дующая ста́нция

soll ich Sie zu Hause absetzen? Auto

– И́горь Васи́льевич, **вас подвезти́?** Вы без **маши́ны** сего́дня?

mehr

– Спаси́бо, Ма́ша, не на́до. В Москве́ на маши́не **бо́льше** сто́ишь,

Staus U-Bahn

чем е́дешь – **про́бки**. Я на **метро́**.

– Как хоти́те. До за́втра!

– До свида́ния, Ма́ша, до за́втра.

И́горь рабо́тает в медици́нской лаборато́рии, Ма́ша – студе́нтка,

sie macht dort ein Praktikum

прохо́дит там пра́ктику. Она́ лю́бит е́здить по го́роду. «У меня́ Kia

parken

Rio, её легко́ **паркова́ть**, – говори́т она́. – А в про́бках я отдыха́ю: му́зыку слу́шаю».

kommen, gelangen

До метро́ на́до ещё **добра́ться**. Ве́чер, хо́лодно, до́ждь...

Zu Fuß (näher heran)fahren Haltestellen

«**Пешко́м** идти́ и́ли **подъе́хать** две **остано́вки**?» – ду́мает

Die nächste Straßenbahn kommt laut Fahrplan

И́горь. **Трамва́й по расписа́нию** че́рез 20 мину́т. «До́лго ждать.

Bus

Авто́бус че́рез 5 мину́т, но когда́ э́то у нас авто́бусы ходи́ли по расписа́нию? Ла́дно, тогда́ пешко́м. Домо́й, домо́й... Хочу́ домо́й.

Schritte

Домо́й, домо́й. Иду́ домо́й, – ду́мает И́горь в такт **шага́м**. – И спать хочу́. Не на́до сего́дня до́лго чита́ть, на́до ра́но пойти́ спать».

zufrieden
Он уста́л, но о́чень **дово́лен**: оди́н экспериме́нт даёт хоро́шие результа́ты. Там ещё, коне́чно, рабо́тать и рабо́тать, но интере́сно.

An ihm fährt ... vorbei
Ми́мо прохо́дит авто́бус. «Так всегда́! На́до бы́ло ждать! Но до метро́ уже́ бли́зко. Пото́м не́сколько оста́новок по **кольцу́***

(wörtl.:) Zweig, (hier:) Linie — ohne Umsteigen
и на си́нюю **ве́тку**. Там ещё до́лго е́хать, но уже́ **без переса́док**. Е́сли есть ме́сто, мо́жно сесть, закры́ть глаза́ и спать до

Endstation
коне́чной».

geht hinunter
На «Таганской» И́горь **спуска́ется** в метро́. Наро́ду для Москвы́

Die Hauptverkehrszeit ist vorbei.
не о́чень мно́го: **час пик прошёл**. Метро́ не авто́бус, тут до́лго ждать

Lustig
не на́до, поезда́ хо́дят ча́сто. «**Смешно́**, что та́ймер пока́зывает, ско́лько мину́т наза́д ушёл по́езд, – ду́мает И́горь. – В Евро́пе

Dafür
пока́зывает, ско́лько ещё ждать. Э́то удо́бно. **Зато́** я зна́ю, что

setzt sich auf eine Bank
по́езд ушёл 10 секу́нд наза́д». И́горь **сади́тся на скаме́йку** у стены́: «Сле́дующий по́езд сейча́с придёт... Сейча́с придёт... Сейча́с...»

Vorsicht, Türen schließen. Nächste Station
«Осторо́жно, две́ри закрыва́ются. Сле́дующая ста́нция —

"Kurskaja".
Ку́рская».

Ich ...
«Как Ку́рская? Я то́лько глаза́ закры́л! **Мне** на Ки́евской
mussteaussteigen ... aussteigen
выходи́ть на́до бы́ло. Не в ту сто́рону е́ду? Ла́дно, тогда́ ещё одну́ ста́нцию по кольцу́, на Ку́рской есть переса́дка на си́нюю ве́тку», – ду́мает И́горь с закры́тыми глаза́ми. В метро́ гро́мко, но для него́ э́то обы́чно, он сто́лько лет уже́ е́здит. Сего́дня И́горь о́чень уста́л
offenbar
– **я́вно** не на тот по́езд сел и спит уже́ на кольце́.

«Осторо́жно, две́ри закрыва́ются. Сле́дующая ста́нция — Ку́рская».

(hier:) Schon wieder ... das hast du ja super hingekriegt!
«Ку́рская? Как э́то? **Опя́ть**?! А, это же кольцо́. Ну, **молоде́ц**! По кольцу́ е́зжу. Так, по кольцево́й ли́нии по́езд идёт 30 мину́т. Я так давно́ сплю? Сле́дующая ста́нция — Ку́рская. Ку́рская. Мне выходи́ть. На́до откры́ть глаза́ и посмотре́ть... А то когда́ я до́ма бу́ду? По си́ней ве́тке ещё пото́м е́хать и е́хать. Не спи, не спи, не...»

«Осторо́жно, две́ри закрыва́ются. Сле́дующая ста́нция — Ку́рская».

endlich
«Как?! Не мо́жет быть!» – И́горь **наконе́ц** открыва́ет глаза́, смо́трит

immer noch
вокру́г. Он **так и** сиди́т на скаме́йке на ста́нции. Ми́мо иду́т

Zwei Meter weiter
лю́ди. **Ме́трах в двух от него́** по́езд закрыва́ет две́ри и ухо́дит

в тунне́ль. На стене́ бу́квы – бе́лые на голубо́м: «Тага́нская». Э́то

Тага́нская-кольцева́я в сто́рону Ку́рской. Он никуда́ не е́хал, он

сиде́л на одно́м ме́сте, а ми́мо оди́н за други́м шли поезда́. Тако́го

с ним ещё не́ было! Что́бы вот так на ста́нции спать!.. Подхо́дит

steht auf und läuft
но́вый по́езд, открыва́ет две́ри… И́горь **встаёт и бежи́т** в ваго́н.

«Хорошо́, что наро́да ма́ло! Нет, сади́ться не бу́ду. Бу́ду стоя́ть! А

(wörtl.:) Wahrheit, (hier:) wirklich
то **пра́вда** бу́ду по кольцу́ е́здить и до за́втра домо́й не доберу́сь».

«Две́ри закрыва́ются. Сле́дующая ста́нция — Ку́рская».

* In Russland nennt man die Ringlinie der U-Bahn einfach „Ring" – „**кольцо́**" (umgangsspr.) und die anderen U-Bahnlinien „Zweige" – „**ве́тки**". Entsprechend der Farbe auf dem Metro-Plan gibt es einen blauen Zweig, einen grünen Zweig, einen gelben Zweig usw. Die blaue Linie, die die Hauptperson in der Geschichte nehmen will, verläuft von Westen nach Osten und kreuzt die Ringlinie zweimal – einmal an der Station Ку́рская und einmal an der Station Ки́евская.

останóвка
Haltestelle
кáсса
Schalter
стáнция
Station
вокзáл
Bahnhof
местá
Orte
дорóга, ýлица
Weg, Straße
áвтовокзáл
Busbahnhof
аэропóрт
Flughafen
шоссé
Fernstraße
прóбка
Stau
Билéт тудá и обрáтно, пожáлуйста.
Eine Hin- und Rückfahrkarte, bitte.
вáжные фрáзы
wichtige Sätze
Осторóжно: двéри закрывáются. Слéдующая стáнция…
Vorsicht, Türen schließen. Nächste Station …
Пóезд отправля́ется с… пути́.
Der Zug fährt von Gleis … ab.
Мне выходи́ть. (нáдо бы́ло)
Ich muss(te) aussteigen.
идти́
gehen
éхать
fahren
дéйствия
Handlungen
паркови́ть
parken
взять билéт
eine Fahrkarte lösen
летéть
fliegen

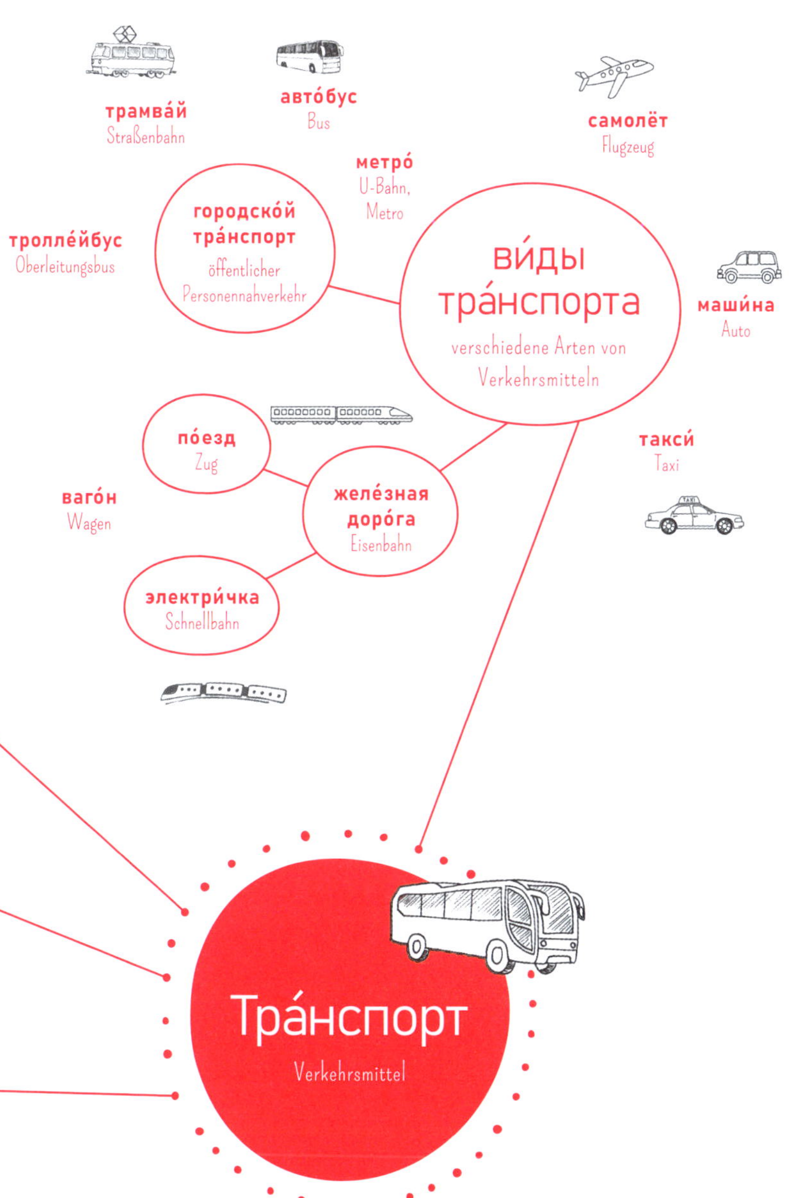

трамва́й
Straßenbahn
авто́бус
Bus
самолёт
Flugzeug
метро́
U-Bahn, Metro
городско́й тра́нспорт
öffentlicher Personennahverkehr
тролле́йбус
Oberleitungsbus
ви́ды тра́нспорта
verschiedene Arten von Verkehrsmitteln
маши́на
Auto
по́езд
Zug
такси́
Taxi
TAXI
ваго́н
Wagen
желе́зная доро́га
Eisenbahn
электри́чка
Schnellbahn
Тра́нспорт
Verkehrsmittel

Лу́чшее лека́рство

— Та́ечка, до́брое у́тро!

— До́брое, Дми́трий Миха́йлович. Вы к нам в поли́клинику как на рабо́ту хо́дите!

In Rente
— А что? Возьмёте меня́ рабо́тать? Я могу́. **На пе́нсии**, вре́мя есть…

(Patienten-)Aufnahme — einen Termin beim Arzt vereinbaren
— Рабо́та в **регистрату́ре** неспоко́йная… Вы к **врачу́ записа́ться** хоти́те?

Rücken — tut mir weh
— На масса́ж. **Спина́ у меня́ боли́т**.

— На масса́ж только че́рез электро́нную регистрату́ру. Онлайн.

im Voraus
— Я смотре́л. На два ме́сяца **вперёд** всё за́нято!

Termine
— Тогда́ нет **тало́нов**. Извини́те, Дми́трий Миха́йлович, все ждут. Сле́дующий, пожа́луйста.

— Че́рез два ме́сяца! А спина́ боли́т! — гро́мко говори́т Дми́трий Миха́йлович.

Privatklinik — rät — irgendeine junge Frau
— Иди́те в **пла́тный медце́нтр**, — **сове́тует** ему́ **кака́я-то де́вушка**.

— В пла́тный! Там це́ны каки́е, зна́ете? Не для пенсионе́ров.

Дми́трий Миха́йлович идёт по коридо́ру к кабине́ту врача́.

— Дми́трий Миха́йлович, здра́вствуй! Ты что тут хо́дишь? —
Gerät zur Online-Terminvergabe — Versicherungskarte
сосе́дка по до́му стои́т у **термина́ла самоза́писи**. — А я **по́лис** забы́ла. Без него́ нельзя́.

(Patienten-)Aufnahme
— И тебе́, Людми́ла, до́брое у́тро. Ты иди́ в **регистрату́ру**, там Та́я сего́дня рабо́тает. Та́ечка не ро́бот, она́ тебя́ зна́ет — запи́шет. Тебе́ к кому́ на́до?

Zum Allgemeinmediziner. Ich fühle mich schlecht. — mir ist schwindelig.
— **К терапе́вту**. **Пло́хо себя́ чу́вствую**: **голова́ кру́жится**.

Blutdruck
— **Давле́ние**? Ко́фе мно́го не пьёшь?

— То́лько чай и тот с молоко́м... Не зна́ю. Посмотрю́, что врач ска́жет. А ты что тут де́лаешь?

— На масса́ж хочу́, а тало́нов нет.

— Так иди́ домо́й.

gibt mir eine Überweisung zum Chirurgen
— Сейча́с. К терапе́вту запишу́сь, он **направле́ние к хиру́ргу даст**, а тот уже́ на масса́ж.

sammelt ... ein — Patientenakten
Ве́чером Та́я **забира́ет** у враче́й **ка́рты пацие́нтов**. Ка́рта Дми́трия Миха́йловича в кабине́те хиру́рга.

— Да́ли ему́ направле́ние на масса́ж? — спра́шивает Та́я. —

Apotheke
Ка́ждый день он тут сиди́т! Пото́м в **апте́ку** идёт. Тут про масса́ж
Medikament
спра́шивает, там про **лека́рство**... Всем расска́зывает, куда́ идти́, к кому́ запи́сываться... И здоро́в, и вре́мя есть у челове́ка!

— А чего́ вы хоти́те, Та́я? Он немолодо́й, живёт оди́н. Хо́дит сюда́ разгова́ривать.

О́сенью в го́роде грипп, мно́го больны́х, врачи́ о́чень за́няты, и Та́я про́сит Дми́трия Миха́йловича не приходи́ть: в поликли́нике
husten niesen
мно́гие **ка́шляют** и **чиха́ют**. День, друго́й, тре́тий он оди́н. Гуля́ет
wacht ... auf
под дождём... У́тром Дми́трий Миха́йлович **просыпа́ется** с
Fieber lässt
высо́кой температу́рой. Он звони́т в поликли́нику и **вызыва́ет**
einen Arzt kommen
врача́ на дом. Прихо́дит молодо́й врач, он неда́вно рабо́тает в э́том райо́не, но Дми́трия Миха́йловича уже́ зна́ет.

Ich möchte Sie abhören. Hals
— **Дава́йте я вас послу́шаю**... **Го́рло** посмотрю́... Ка́шляете?.. Э́то
Erkältung Ich stelle Ihnen gleich ein Rezept aus.
просту́да. **Сейча́с вы́пишу вам реце́пт**. Лежи́те, пе́йте чай...

Да, а за лека́рством кто пойдёт? Вы оди́н живёте, пра́вильно?
Kommen die Miterabeiter vom Freiwilligendienst nicht vorbei?
Волонтёры к вам не захо́дят?* У нас в э́том райо́не о́чень акти́вные молоды́е лю́ди рабо́тают. Я позвоню́ им, скажу́, что́бы

Da fällt mir was ein! silbern

зашли́... Дми́трий Миха́йлович! **Э́врика**! Про «**серебряных**» волонтёров зна́ете? Нет? Они немолоды́е, обы́чно на пе́нсии, но у них так мно́го эне́ргии. Не мо́гут сиде́ть до́ма, ничего́ не де́лать. Как вы. Вот вам а́дрес и телефо́н. Когда́ **бу́дете здоро́вы**, позвони́те по э́тому но́меру и́ли зайди́те к ним. Они́ бу́дут ра́ды но́вому челове́ку, а для вас э́то лу́чшее лека́рство.

Sie wieder gesund sind

Уже́ два ме́сяца Дми́трий Миха́йлович не был в поликли́нике. Та́я ча́сто его́ вспомина́ет и ду́мает: как у него́ дела́? Почему́ не захо́дит?..

— Та́я, зна́ете кого́ я вчера́ на у́лице встре́тил? — спра́шивает её

eines Morgens

однáжды у́тром хиру́рг. — Дми́трия Миха́йловича! Он шёл в клуб волонтёров. Счастли́вый! А пацие́нты говоря́т, он тепе́рь то́же волонтёром рабо́тает. К нему́ лю́ди иду́т, а он и рад: расска́зывает, помога́ет, слу́шает, сове́тует... Сам хо́дит на семина́ры и тре́нинги, у́чится. И чу́вствует себя́ отли́чно!

* Ursprünglich wurde mit dem Wort Volonteer (волонтёр oder доброво́лец) auf Russisch ein freiwilliger Soldat bezeichnet. Seit einiger Zeit wird es generell für eine «ehrenamtlich tätige Person» verwendet.

стомато́лог
Zahnarzt/Zahnärztin

терапе́вт
Allgemeinmediziner*in

окули́ст
Augenarzt/Augenärztin

врачи́
Ärzte

де́тский врач
Kinderarzt/Kinderärztin

хиру́рг
Chirurg*in

травмато́лог
Orthopäde/Orthopädin und Unfallchirurg*in

лека́рство
Medikament

по́лис
Versicherungskarte

ка́рта пацие́нта
Patientenakte

реце́пт
Rezept

апте́ка
Apotheke

регистрату́ра
(Patienten-)Aufnahme

поликли́ника
Poliklinik

термина́л самоза́писи
(Gerät zur) Online-Terminvergabe

больни́ца
Krankenhaus

места́
Orte

пла́тный медици́нский центр/ медце́нтр
Privatklinik

кабине́т
Arztpraxis

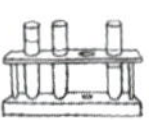

лаборато́рия
Labor

получи́ть/дать направле́ние (к кому́?)
eine Überweisung zu … bekommen/geben

записа́ться к врачу́/ вы́звать врача́ на́ дом
einen Arzttermin vereinbaren/ den Arzt kommen lassen

Мне, пожа́луйста, тало́н к врачу́.
Ich hätte gerne einen Termin beim Arzt.

ва́жные фра́зы

wichtige Sätze

Я хорошо́/пло́хо себя́ чу́вствую.
Ich fühle mich gut/schlecht.

Сейча́с вы́пишу вам реце́пт.
Ich stelle Ihnen gleich ein Rezept aus.

На что жа́луетесь?
Was fehlt Ihnen denn?

Я здоро́в/бо́лен.
Ich bin gesund/krank.

У меня́ (высо́кая) температу́ра.
Ich habe Fieber.

У меня высо́кое/ ни́зкое давле́ние.
Ich habe hohen/niedrigen Blutdruck.

У меня́ боли́т/ боля́т…
Mir tut/tun … weh.

Как учи́ть уро́ки?

1840 geboren, 1893 gestorben.
«Пётр Ильи́ч Чайко́вский. **Роди́лся в 1840 году́, у́мер в 1893.**
Лев Никола́евич Толсто́й. Роди́лся в... — Ви́ктор смо́трит в учёбник.
— В 1828...»

— Ви́тя, иди́ чай пить! — зовёт ма́ма. — Ты что тако́й невесёлый?
Kissen
Мно́го дат? Зна́ешь, как мы ра́ньше де́лали? Кни́гу под **поду́шку** и
спать!

— Заче́м?

Das ist nur ein Scherz.
— Что́бы всё вы́учить. **Шучу́**. Э́то не помога́ет, коне́чно. Отдыха́й,
ты всё у́чишь, у́чишь... Иди́ спать.

За́втра оди́ннадцатые кла́ссы пи́шут тест по исто́рии Росси́и.
Wenn ... ... man ... weckt
Е́сли Ви́ктора но́чью **разбуди́ть**, он мо́жет рассказа́ть о рефо́рмах
aufzählen Zaren
Михаи́ла Горбачёва и́ли **перечи́слить** ру́сских **царе́й**, но в отве́тах
Kunst Wissenschaft sicher
на вопро́сы об **иску́сстве**, культу́ре и **нау́ке** не **уве́рен**. В голове́ у
berühmte Schriftsteller Musiker
молодо́го челове́ка имена́, да́ты, **вели́кие писа́тели**, **музыка́нты**,
Wissenschaftler
учёные... Ви́ктор берёт со стола́ учёбник, открыва́ет, закрыва́ет его́,

versteckt
пото́м бы́стро **пря́чет** под поду́шку. Споко́йной но́чи!

hell
Вокру́г **светло́**. Ско́лько вре́мени?! Игра́ет ти́хая му́зыка, Ви́ктор стои́т у вхо́да в большо́е бе́лое зда́ние. Он идёт туда́ и понима́ет, что спит: в це́нтре за́ла за пиани́но сиди́т Чайко́вский. «Вот и
sich entschieden hat, Komponist zu werden
спрошу́ у него́, почему́ он **реши́л стать** **компози́тором**, — ду́мает Ви́ктор. — Он в 21 год ещё не писа́л му́зыку, был юри́стом... И вдруг!» Ря́дом с компози́тором стои́т да́ма.

— Вам нра́вится му́зыка? — спра́шивает у неё Чайко́вский.

— Нет. Меня́ интересу́ет матема́тика, — говори́т она́, и Ви́ктор вспомина́ет, где ви́дел её портре́т. В кабине́те матема́тики! Это Со́фья Ковале́вская. — А Лев Толсто́й пла́чет, когда́ слу́шает му́зыку. Он говори́т... Да вот и он сам!

ein alter Mann — Bart
По за́лу идёт **стари́к** с дли́нной **бородо́й**.

Ihnen gefällt
— Лев Никола́евич! — зовёт Ви́ктор. — **Вам нра́вится** му́зыка...

Ich mag die Musik lieber als
— **Я люблю́ му́зыку бо́льше** всех други́х иску́сств, — говори́т Толсто́й.

lächelt
— Но са́ми пи́шете кни́ги, — **улыба́ется** Ковале́вская. — Я чита́ю ва́ши рома́ны и расска́зы, хочу́ написа́ть о вас статью́. Всю жизнь ду́маю: матема́тика и́ли литерату́ра? Что для меня́ гла́вное?

— Как вас зову́т?

— Со́фья Ковале́вская.

— Ковале́вская? Не зна́ю.

«Неприя́тно! — ду́мает Ви́ктор. — **На́до смени́ть те́му**» (Ich muss das Thema wechseln.).

— Со́фья Васи́льевна, ваш портре́т у нас в кабине́те матема́тики есть, а «Войну́ и мир»... — Ви́ктор вдруг понима́ет, что в рука́х у него́ кни́га, — в шко́ле все чита́ют. И в теа́тре я **спекта́кль** (Aufführung) ви́дел.

— В теа́тре? Пло́хо. Теа́тр — **э́то одна́ фа́льшь** (das ist nichts als Betrug), — **се́рдится** (ärgert sich) Толсто́й.

— Почему́? — говори́т Чайко́вский. — Я пишу́ му́зыку и для теа́тра.

— Му́зыке теа́тр не ну́жен, — **стро́го** (streng) отвеча́ет Толсто́й. «Тру́дно говори́ть с Толсты́м. Он как учи́тель со все́ми разгова́ривает. На́до сказа́ть ему́ прия́тное!»

— Лев Никола́евич, ва́ши «Севасто́польские расска́зы» в ко́смосе бы́ли! А «Войну́ и мир» на орби́те **космона́вт** (Astronaut) **вслух чита́л** (hat ... laut vorgelesen).

«Что я говорю́? Они́ не зна́ют про космона́втов!»

— Космона́вты в раке́тах лета́ют... В ко́смос... — Ви́ктор **беспо́мощно** (hilflos) смо́трит на други́х. — Как об э́том рассказа́ть?

— Как об э́том рассказа́ть тем, кто живёт на Земле́? Тем, кто не ви́дел на́шу пла́нету из ко́смоса?

schaut sich um
«Кто э́то говори́т?» — Ви́ктор **смо́трит вокру́г**. У вы́хода из за́ла журнали́сты беру́т интервью́ у невысо́кого челове́ка с прия́тной
Lächeln / wie Sie sich
улы́бкой.— Ю́рий Алексе́евич, расскажи́те, **как вы**
auf den Flug vorbereitet haben
гото́вились к полёту? «Гага́рин!» — понима́ет Ви́ктор.

— Э́то бы́ло непро́сто. Два го́да трениро́вок...

«Два го́да? Совреме́нные спортсме́ны трениру́ются мно́го лет. Интере́сно, они́ мо́гут быть космона́втами?»

mich ... vorbereiten
— ... на э́тот раз я хочу́ хорошо́ **подгото́виться** к полёту психологи́чески, мне нужна́ но́вая кни́га. Вон там стои́т молодо́й челове́к, я ви́жу! У него́ рома́н Толсто́го! Он мне ну́жен! — Гага́рин
streckt die Hand nach Viktor aus
протя́гивает к Ви́ктору ру́ку. — Да́йте мне кни́гу! Да́йте! Ви́ктор открыва́ет глаза́.

Sein Herz pocht. / Junge
Ночь. **Се́рдце коло́тится**. **Ю́ноша** убира́ет из-под поду́шки
ohne Träume
учёбник и спит до утра́ **без снов**. Да, экза́мен на сле́дующий день
besteht er mit der Note „sehr gut“
он сдаёт на «отли́чно» и никогда́ бо́льше не спит на учёбниках.

матема́тик
Mathematiker*in

откры́тие
Entdeckung

$E=MC^2$

фи́зик
Physiker*in

учёный
Wissenschaftler*in

нау́ка
Wissenschaft

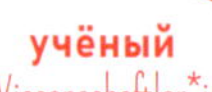

космона́вт
Astronaut

био́лог
Biologe/Biologin

изуче́ние
Forschung

Мне (не) нра́вится...
... gefällt mir (nicht)

Что вы ду́маете о...?
Was halten Sie von ...?

... я люблю́ бо́льше...
... mag ich lieber als...

ва́жные фра́зы
wichtige Sätze

роди́ться в ... году́
im Jahr ... geboren sein

Я хочу́ послу́шать.../ почита́ть...
Ich möchte mir ... anhören / ... lesen.

умере́ть в ... году́
im Jahr ... sterben

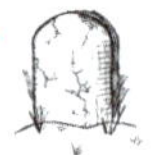

Изве́стные ли́чности
berühmte Persönlichkeiten

иску́сство
Kunst

худо́жник/ худо́жница
Künstler*in

тво́рчество
1. Künstlerisches Schaffen, 2. Werk

му́зыка
Musik

компози́тор
Komponist*in

музыка́нт
Musiker*in

певе́ц, певи́ца
Sänger*in

актёр/ актри́са
Schauspieler*in

литерату́ра
Literatur

писа́тель*ница
Schriftsteller*in

поэ́т, поэте́сса
Dichter*in

определе́ния
Attribute

вели́кий
groß, berühmt

интере́сный
interessant

люби́мый
Lieblings-

изве́стный, знамени́тый
berühmt

совреме́нный
Gegenwarts-

ва́жный
wichtig

В лаби́ринте букв

Könnten Sie mir sagen, wie ich zum Rathaus komme?
— **Вы не подска́жете, как пройти́ к ра́туше***?

— Вам к ста́рой или но́вой?

— Их две? Не зна́ю...

Па́уль хорошо́ говори́т по-ру́сски, то́лько с небольши́м акце́нтом.

— Вы тури́ст, да? Вы́борг посмотре́ть хоти́те? Тогда́ к ста́рой. Э́то
Platz
пря́мо, пото́м нале́во, почти́ до реки́. Там **пло́щадь** и ра́туша.

— Спаси́бо!

Café Denkmal
На пло́щади **кафе́**, **па́мятник** и большо́е ста́рое зда́ние. Но
Museum
в нём городско́й **музе́й**. Нет, в музе́й Па́уль пойдёт пото́м. Он
Urlaub sich anmelden
прие́хал в Росси́ю в **о́тпуск** и до́лжен **зарегистри́роваться**.**
wahrscheinlich
То́лько он ещё не зна́ет, как э́то сде́лать. «**Наве́рное**, мне нужна́ но́вая ра́туша...» — ду́мает Па́уль.

У па́мятника игра́ют де́ти.

Kinder
— **Ребя́та**, вы не подска́жете, как пройти́ к но́вой ра́туше?

— К но́вой? Пря́мо по э́той **у́лице** (Straße) и напра́во. Тут бли́зко.

— Спаси́бо большо́е.

— То́лько там закры́то!

«Закры́то? А, наве́рное, на́до **записа́ться на приём** (muss man einen Termin ausmachen)».

В но́вой ра́туше кинотеа́тр. Он закры́т, но э́то ничего́, кинотеа́тр Па́улю не ну́жен. «Где же у них **администра́ция** (Verwaltung) го́рода?.. Хорошо́, у меня́ ещё пять дней есть. Ве́чером посмотрю́ в интерне́те информа́цию. Он **снима́ет** (mietet) кварти́ру недалеко́ от це́нтра. Па́уль не лю́бит **гости́ницы** (Hotels), **турбюро́** (Reisebüros), он обы́чно сам плани́рует маршру́т. На э́тот раз он начина́ет с Вы́борга и Ла́доги, пото́м е́дет в Санкт-Петербу́рг, Но́вгород... **Хлопо́т** (Sorgen) мно́го, но мно́го и свобо́ды.

Ве́чером на са́йте го́рода он смо́трит, **как зарегистри́роваться** (wie er sich anmelden kann/soll). Там мно́го непоня́тных **аббревиату́р** (Abkürzungen), но Па́уль в Росси́и не пе́рвый раз. Он **быва́л** (war schon mal) тут, когда́ Росси́я ещё называ́лась **СССР** (UdSSR). Он зна́ет: здесь в официа́льном языке́ аббревиату́р о́чень мно́го.

«Так, куда́ мне с мои́ми докуме́нтами? **ГУ МВД** (Hauptverwaltung des Innenministeriums), отделе́ние **МФЦ** (Bürgerbüro) или **по́чта** (Post). По́чта! Ура́! Э́то поня́тно. За́втра иду́ на по́чту».

На по́чте уста́лая де́вушка говори́т, что с таки́ми докуме́нтами не рабо́тает.

— Как не рабо́таете? А на са́йте...

— На са́йте... Извини́те, но **инстру́кций** (Anweisungen) на э́ту те́му у меня́ нет. Гости́ница должна́ вас зарегистри́ровать.

— Я живу́ не в гости́нице, я снима́ю кварти́ру.

— Тогда́ не зна́ю. Иди́те в МФЦ.

«В МФЦ — и́ли как пра́вильно? — я сейча́с не пойду́, — ду́мает Па́уль. — Ещё не́сколько дней есть, а я отдыха́ю. Я пое́ду в Приозёрск, там музе́й-**кре́пость** (Festung) Коре́ла, давно́ хочу́ посмотре́ть... А ве́чером ещё раз почита́ю на са́йте».

Па́улю нра́вится тако́й о́тдых. Он сам ду́мает, куда́ пойти́, на чём е́хать, когда́ гуля́ть и когда́ обе́дать. В Приозёрске он был весь день. Почти́ но́чью вспомина́ет про докуме́нты: «МФ...С? Да, МФС... Нет тако́го. Други́е бу́квы?.. Вот! УФМС***! Миграцио́нная слу́жба! Где она́ в Вы́борге? **По́иск** (Suche)... Так... УФМС — э́то УМ ГУ МВД. Мно́го букв. Ага́! Э́то про́сто **поли́ция** (Polizei). Вот и а́дрес. Хоти́те записа́ться онла́йн? Да, хочу́... Есть! Мо́жно спать споко́йно».

В 10 утра́ Па́уль уже́ в поли́ции. Но полице́йский **сообща́ет** (teilt mit), что докуме́нтов ма́ло! Па́спорт, миграцио́нная ка́рта? А где

Aufenthaltstitel
разреше́ние на вре́менное прожива́ние — РВП? Или ВНЖ —

Niederlassungserlaubnis
вид на жи́тельство?

— Я тури́ст. Тури́ст! Ско́ро пое́ду обра́тно.

— Ааа, тури́ст! Тогда́ поня́тно. Где вы живёте?... Да у вас всё уже́

erledigt
сде́лано!

— Как?

hat ... eingereicht — Wie es sich gehört.
— Хозя́ин кварти́ры **подал** все докуме́нты. **Как полага́ется**. А я

так по́нял, что вам регистра́ция по ме́сту прожива́ния нужна́.

— Прожива́ния? Нет, живу́ я не здесь. Зна́ете, мне о́чень нра́вится в

umziehen — jetzt gleich
Росси́и, но **переезжа́ть** так **сра́зу** не гото́в. Бу́ду приезжа́ть как гость!

* In der Regel gibt es in russischen Städten keine Rathäuser. Als „ра́туша" wurden die Gebäude der russischen Stadtverwaltung nur im XVII. und XVIII. Jahrhundert bezeichnet. Heute heißen sie „мэ́рия" oder „администра́ция". Nur in Kasan ist das Bauwerk mit dem Namen „ра́туша" heute noch Sitz der Verwaltung.

**Wenn ein ausländischer Reisegast vorhat, mehr als sieben Tage in Russland zu verbringen, muss er sich anmelden. Normalerweise erledigt das der Gastgeber oder das Hotel.

***Seit 2016 gehört die Behörde UFMS zum Innenministerium. Solche Ämter werden häufig umbenannt und ihre Zuständigkeiten ändern sich ebenfalls oft.

В обще́ственном простра́нстве

im öffentlichen Raum

ва́жные фра́зы

wichtige Sätze

Вы не подска́жете..?
Könnten Sie mir bitte sagen, ...?

Как пройти́ к.../в...?
Wie komme ich zu .../ in ...?

Когда́ у вас приёмные часы́?
Wann haben Sie Sprechstunde?

Я бы хоте́л(а) записа́ться на приём.
Ich möchte einen Termin ausmachen.

Запо́лните, пожа́луйста, э́тот бланк.
Füllen Sie bitte dieses Formular aus.

Каки́е докуме́нты вам нужны́?
Welche Unterlagen benötigen Sie?

ва́жные учрежде́ния
wichtige Institutionen
мэ́рия
Stadtverwaltung
поли́ция
Polizei
администра́ция
Verwaltung
по́чта
Post
стол/бюро́ нахо́док
Fundbüro
музе́й
Museum
банк
Bank
МФЦ (Многофункциона́льный центр)
Bürgerbüro

по пути́
unterwegs
у́лица
Straße
перехо́д
Übergang
указа́тель
Wegweiser
пло́щадь
Platz
райо́н
Stadtteil
гости́ница, оте́ль
Hotel
парк
Park
рестора́н
Restaurant
па́мятник
Denkmal
кафе́
Café

BILDNACHWEIS

Getty Images, München: 12, 18, 31, 61, 67, 72, 73, 85, 90 (fleaz); 12, 13 (Paket); 13, 18, 19, 54, 108, 109 (veekicl); 13, 31, 48, 49, 60, 72, 85, 90, 91, (Dina Mariani); 24, 79 (kostenkodesign); 36, 37, 60, 66, 84, 115 (topform84); 43 (Ming Lok Fung); 43 (WINS86); 55 (macrovector); 67 (Ollustrator); 96, 127 (kyuree); 103 (Varijanta); Shutterstock, New York: U1 (Atstock Productions); U1 (Elena Shashkina); U1 (GCapture); U1 (Tobias Steinert); 8, 14, 25, 50, 62 (mhatzapa); 12, 24, 25 (Nikolaeva); 12, 91 (Natasha Pankina); 18, 31, 67, 73, 85, 90, 102, 126 (Ohn Mar); 18 (Victoria Sergeeva); 19, 91 (Liliya_ Mekhonoshina); 19, 48, 49, 55, 60, 78, 79, 103, 114, 115, 127 (primiaou); 19, 67 (Aleksandra Novakovic); 19 (Tatiana Savitskaia); 19 (ArtAllAnd); 24, 127 (Prokhorovich); 24, 108, 109 (tsaplia); 24, 36, 60 (Netkoff); 30, 126 (Goodreason); 30, 126, 127 (Martina V); 31, 49, 67, 78, 90, 120, 121 (browndogstudios); 37 (Rattikankeawpun); 37 (Lemonade Serenade); 42, 43, 48, 61, 79, 103 (topform); 42 (olllikeballoon); 43 (Panda Vector); 43, 102, 115, 127 (AuraArt); 48, 140, 145, 147 (Macrovector); 49 (Drawlab19); 54, 55, 60, 61, 67, 84, 96, 97, 103 (redchocolate); 54, 114 (artnLera); 54 (Yuyula); 55, 66, 115 (GooseFrol); 60 (Mariia Kugergina); 66, 120 (Leremy); 66, 103 (NB_Factory); 73 (Tiwat K); 78.4 (Orfeev); 84 (En min Shen); 84 (Fafarumba); 85 (Toby Bridson); 97 (Valeriya_Dor); 103 (puruan); 108, 109, 138, 140, 142, 145, 146 (KateMacate); 109 (Paket); 114 (father); 115 (H Art); 126 (LHF Graphics)